Les Bons Plans anti-crise des paresseuses

Anita Naïk

Les Bons Plans anti-crise des paresseuses

•MARABOUT•

Publié pour la première fois en Grande-Bretagne en 2009 par Piatkus Books, sous le titre *The Lazy Girl's guide to the high life on a budget* by Anita Naïk Copyright © Anita Naïk, 2009.
5 Windwill Street, London Wit 2JA, England.

Traduit de l'anglais par Tina Calogirou.

Remerciements

Mille mercis à Justin Somper, qui a lancé l'idée fabuleuse d'écrire ce livre au cours d'un déjeuner composé d'une soupe maison (exquis mais peu onéreux !). Merci aux adorables Joe et Bella, qui ont joué très sagement pendant que j'écrivais ce livre, et à Karly, qui a bien voulu essayer les conseils prodigués ici pour économiser de l'argent. Tous mes remerciements enfin à Julie Sleaford, Jane Naïk, Emma Burtenshaw, Helen Prangnell, Jo Acquet et toutes les autres paresseuses qui m'ont dévoilé leurs trucs les plus efficaces pour réaliser des économies.

Sommaire

Avant-propos

Pourquoi ce guide va vous aider

Difficile de ne pas être affectée par la crise financière dont tout le monde parle, même quand on n'y comprend rien ou quand on s'en moque éperdument. Alors, voici un résumé spécial paresseuses de la crise qui suscite tant d'inquiétudes. Tout a démarré avec la crise des crédits : aux quatre coins du monde, les banques ont commencé à prêter moins généreusement leur argent et se sont mises à y regarder à deux fois avant d'accorder des crédits (en grande partie parce que précédemment, elles avaient prêté les yeux fermés à des clients qui n'ont pas pu les rembourser). Si cette crise a, dans un premier temps, essentiellement concerné des banques qui se prêtaient de l'argent entre elles, les effets sont parvenus jusqu'à nous, de sorte qu'il est plus difficile aujourd'hui d'obtenir un crédit et que ce dernier coûte plus cher qu'avant (ce qui veut dire qu'il va falloir rembourser davantage, que vous soyez une multinationale, une petite entreprise ou un particulier désireux d'acheter une maison ou des biens à la consommation). Les effets de la crise sont omniprésents : les prix ont augmenté, le chômage est en hausse, l'achat d'un bien immobilier est quasiment devenu mission impossible et les sorties sont hors de prix.

J'espère que vous n'êtes pas déjà déprimée au point d'interrompre votre lecture ! Certes, ces problèmes financiers internationaux sont bien réels et ils ne vont pas disparaître du jour au lendemain. Toutefois, on peut continuer à vivre malgré les difficultés financières, les dettes et les incertitudes quant au marché de l'emploi. Il est possible que vous soyez nulle pour gérer votre argent et que vous ne compreniez rien au vocabulaire financier – d'ailleurs, vous seriez surprise de constater combien la Confrérie des nulles en finance est vaste (si c'est votre cas, le glossaire du chapitre 8 pourra vous aider). Il est possible aussi que vous soyez totalement angoissée, en vous demandant comment vous pourrez un jour à nouveau acheter quoi que ce soit. Sachez que les récessions (c'est-à-dire les périodes d'activité économique réduite, où l'emploi, les bénéfices et les

investissements sont en baisse) sont d'excellentes périodes pour faire le point sur ses finances et pour y mettre de l'ordre.
Contrairement à ce que l'on pourrait croire, assainir sa situation financière ne signifie pas forcément passer toutes ses soirées à la maison et décréter un embargo total sur l'achat de nouvelles chaussures. Simplement, il va falloir déterminer les postes de votre budget qui engloutissent trop d'argent, les domaines dans lesquels vous gaspillez et, de manière générale, les raisons qui vous poussent à dilapider l'argent gagné à la sueur de votre front. Vous allez également apprendre à gérer vos sous de manière réaliste pour avoir une existence agréable, sans nuits blanches dues à votre découvert. Par conséquent, votre budget et vos réductions de dépenses sont vos deux nouveaux meilleurs amis ! Maîtrisez ces deux éléments et vous ne passerez pas à côté de votre vie ni de tout ce que vous aimez faire, qu'il s'agisse de shopping, de bons restaurants ou de vacances.
Même si se serrer la ceinture est définitivement tendance, il est important aussi de relativiser ses angoisses financières. Quel que soit le montant de vos dettes ou la modicité de vos revenus, il y a une grande différence entre être angoissée et être ruinée. Pour éviter de passer de l'un à l'autre, il existe une foule de mesures à prendre, qui sont à la portée de toutes – même des plus paresseuses. « Quoi donc ?! », avez-vous sans doute hurlé en lisant ces lignes. Eh bien, poursuivez donc votre lecture, elle va vous faire découvrir une nouvelle manière de dépenser.

Que vous souhaitiez mettre de l'argent de côté pour pouvoir faire face à la crise, à la baisse du pouvoir d'achat et aux menaces de licenciement, ou que vous ayez envie de réaliser des économies pour pouvoir continuer à vous offrir ce qui vous plaît dans la vie (vacances, beauté ou vêtements), lisez ce livre, vous apprendrez à être économe avec modernité. Tout y est : dépenser intelligemment, s'intéresser un tant soit peu à la gestion de son argent et réussir une bonne planification de ses comptes (au-delà de la simple question « Comment vais-je trouver de quoi manger pendant la semaine qui précède le paiement de mon salaire ? »). Alors, que vous soyez une déesse du glamour déterminée à ne pas réduire son train de vie, une *shopping addict* qui ne sait pas où passe son argent ou une extravagante tellement extravagante que cela en devient ridicule, l'heure est venue de mettre un peu d'ordre dans vos comptes. *Les Bons Plans anti-crise des paresseuses* ne va pas faire de vous une millionnaire, pas plus qu'il ne vous permettra de faire du shopping tous les jours dans des boutiques de luxe. Toutefois, je vous garantis qu'il vous aidera à prendre de l'assurance dans la gestion de vos comptes, à mieux dépenser l'argent dont vous disposez et, mieux encore, à mener grand train sans vous ruiner.

Essayez, vous ne le regretterez pas, c'est promis !

chapitre 1

Comment mener grand train en dépensant moins

Et si vous appreniez à vivre avec moins d'argent ?

Changer de mode de vie n'est pas une chose facile. Toutefois, il arrive que notre situation financière nous y contraigne ; c'est le cas, par exemple, quand on se réveille toutes les nuits baignée de sueur glacée, en pensant à ses factures. Vous pensez que la solution serait de gagner plus d'argent ? De trouver un mari riche ? De gagner au loto ?

« Quand je pense à l'argent, ça me rend malade... Comme ce sujet m'angoisse, j'évite le plus possible d'y être confrontée : je n'ouvre pas mes relevés de banque, je ne fais pas mes comptes et en retirant de l'argent au distributeur, je retiens mon souffle et je prie pour que l'appareil n'engloutisse pas une fois de plus ma carte. »

Hélène, 28 ans

Que nenni. La solution, c'est d'apprendre à vivre confortablement avec moins d'argent. Voici la clé : ce n'est pas l'argent en soi qui assure une existence formidable, c'est le fait de savoir dépenser son argent pour avoir la vie que l'on souhaite.

Par conséquent, si pour vous, une vie formidable est synonyme de faire du shopping du matin jusqu'au soir, de voyager en première et de vous offrir des chaussures de marque à la pelle, il va falloir repenser le problème. Car votre définition d'une vie formidable n'est tout simplement pas réaliste. *Sex and the City*, ce n'est pas la vraie vie, c'est une série télévisée – qui plus est, une série télévisée qui commence à dater. La nouvelle manière de dépenser – entendons-nous bien : dépenser l'argent que vous avez, pas celui que vous n'avez pas –, c'est de découvrir ce que vous attendez réellement de l'existence et d'œuvrer dans cette direction. Par conséquent, posez-vous la question suivante : qu'est-ce que j'attends de la vie (à court terme et à long terme) ? Est-ce que mon attitude face à l'argent va dans ce sens ou non ?

TROIS BONNES RAISONS POUR APPRENDRE À GÉRER SON ARGENT PENDANT QU'ON EST ENCORE JEUNE

- **Les femmes vivent plus longtemps que les hommes (sept ans de plus en moyenne). Par conséquent, il vous faudra 20 % d'argent de plus pour votre retraite.**
- **Au cours de votre existence, vous allez gagner 25 % de moins qu'un homme en moyenne (les femmes travaillent généralement cinq ans de moins que les hommes, le plus souvent pour s'occuper de leurs enfants).**
- **Résultat : les femmes épargnent moins que les hommes.**

Pourquoi vous devez prendre le temps de réfléchir *maintenant*

Vous n'arrivez pas à vous faire entrer dans le crâne ce qui précède ?

C'est peut-être parce que jusqu'à présent, vous êtes tombée dans le piège de croire, comme beaucoup de gens, que « moins » n'est définitivement pas synonyme de « mieux » : pour vous, être heureuse signifie être une championne de la consommation qui peut s'offrir ce qu'elle veut, quand elle veut – la plus belle voiture, la vie sociale la plus éblouissante, une armoire débordant de vêtements, de chaussures et de sacs à main. Si vos revenus vous le permettent, c'est très bien. C'est nettement moins bien si ce train de vie vous oblige à tirer la langue à chaque fin de mois et à creuser encore un peu plus votre découvert.

Par conséquent, pour mettre un terme à vos angoisses financières et constituer une épargne pour l'avenir (et pour les périodes de vaches maigres), cela vaut la peine de réduire vos dépenses, de revoir votre train de vie et de réfléchir à votre situation financière *maintenant*, avant d'y être contrainte et forcée. Je sais, ça a l'air terrible, mais en réalité, ça ne l'est pas. Il s'agit simplement de dépenser de façon futée au lieu de dépenser sans compter. Et même si cela peut sembler déprimant (surtout en comparaison avec votre vie d'avant, où vous dépensiez à tour de bras), sachez qu'il n'en est rien.

À bien des égards, un budget bien étudié est un concept idéal pour une paresseuse : il permet de vivre mieux, pour moins cher. Ce qui signifie moins d'ennuis avec la banque, moins de nuits blanches à penser à votre découvert et moins d'argent dépensé – et donc plus de sous dans votre poche. Par conséquent, si vous êtes une accro du shopping qui ne peut s'empêcher d'acheter, ou si vous ne comprenez rien aux chiffres, dites-vous que bien gérer son argent, c'est tendance. Tout le monde le fait : les gens riches, vos collègues, votre meilleure amie, et même votre mère. Seulement voilà, vous ne le savez pas parce qu'ils ne vous le disent pas. Alors voici comment faire partie du club et vous serrer la ceinture, avec élégance bien sûr !

LE SAVIEZ-VOUS ?

Une étude réalisée par la Mental Health Foundation, au Royaume-Uni, a révélé que huit personnes sur dix sont préoccupées par les répercussions de la crise financière actuelle. Les deux tiers des personnes interrogées disent que les soucis d'argent sont toujours présents dans un coin de leur tête.

La crise vous fait-elle criser ?

La crise vous angoisse ? Si vous êtes une authentique paresseuse, trop débordée pour faire sa lessive et trop débordée pour éplucher ses relevés de compte, il est peu probable que vous vous intéressiez de près à la gestion de vos finances. Raison de plus pour réfléchir à ce qui s'est passé. Si vous vous étouffez en voyant le prix d'un sandwich, si vous tournez de l'œil en ouvrant votre facture d'électricité et si vous envisagez très sérieusement de zapper complètement le coiffeur parce non, vous ne pouvez plus vous le permettre, vous êtes ric-rac. Vous n'avez plus un centime sur votre compte à la fin du mois ? L'état de vos finances vous fait passer des nuits blanches ? C'est clair, vous êtes fauchée. Dans un cas comme dans l'autre, c'est signe qu'il est temps d'agir – et vite.

D'accord, réduire ses dépenses et faire un budget n'enchante personne (après tout, vous connaissez beaucoup de gens, à part les adeptes de la décroissance, qui s'éclatent à acheter des sous-vêtements bon marché et des produits sans marque ?). Mais souvenez-vous qu'être économe ne signifie pas que vous allez devoir adopter le mode de vie de votre grand-mère (nous reviendrons sur ce point plus tard). Cela ne signifie pas non plus que vous allez devenir « anti-société de consommation » et changer d'identité. Simplement, il s'agit de trouver des solutions moins coûteuses pour mener la vie que vous souhaitez. Il va falloir réfléchir avant de dépenser, dépenser de manière plus avisée et ne pas opter pour des réponses chères à des problèmes bon marché (comme par exemple acheter des nouvelles chaussures si le cuir d'une de vos paires est usé ou changer de manteau au premier bouton qui tombe).

LES FEMMES ET L'ARGENT

52 % des femmes trouvent que gérer son argent est stressant et se disent dépassées par le sujet.

42 % affirment que l'idée de trop réfléchir à leur avenir financier à long terme les met mal à l'aise.

34 % considèrent que les questions d'argent sont ennuyeuses.

23 % déclarent que « Rien de ce que je ferai ne changera fondamentalement ma situation financière ».

29 % affirment vivre au jour le jour sur le plan financier (contre 34 % des hommes).

52 % des femmes trouvent que l'argent est simplement un moyen de s'acheter des choses.

Source : Financial Literacy, Women Understanding Money, programme de formation financière destiné aux femmes, lancé par l'État australien.

Étape numéro 1 : faites un budget

La première chose à faire pour bien gérer ses finances – façon paresseuse –, c'est d'établir un budget. Vous vous trouvez trop occupée/trop cool/trop intello/trop artiste pour être du genre à vous installer à votre bureau et faire vos comptes ? Dans ce cas, donnez-vous une bonne claque !
Voici quelques pistes indiquant qu'il est grand temps de faire le point sur l'état de vos finances :

- Vous êtes toujours surprise de constater qu'il ne reste rien sur votre compte à la fin du mois ;
- Vous êtes horrifiée en découvrant le total de vos achats en carte bancaire ;
- Vous ne regardez jamais le montant total de l'addition ou de la facture au restaurant ou dans les magasins ;
- Vous continuez à espérer que vous allez gagner au loto ou épouser un homme riche ;
- Pour vous remonter le moral, vous vous dites qu'il y a pire que vous ;
- Vous n'avez pas de plan financier à long terme ;
- Trop penser à l'argent vous rend malade ;
- Vous ne savez pas exactement combien vous dépensez par jour (ni par semaine, d'ailleurs) ;
- Vos amis sont étonnés lorsqu'ils apprennent combien vous gagnez réellement (beaucoup moins que ce qu'ils croyaient) ;
- Quand vous êtes trop déprimée par l'état de vos finances, vous vous offrez un petit cadeau pour vous remonter le moral.

« Je déteste l'idée de faire un budget. C'est un concept beaucoup trop organisé et raisonnable pour quelqu'un comme moi. »

Anna, 30 ans (et 4 000 euros de dettes)

Même si vous êtes convaincue à 100 % que vous n'êtes pas, et que vous ne serez jamais, économe, permettez-moi de vous dire que vous pouvez parfaitement le devenir, et pour une bonne raison : en dépensant sans compter, au-delà de ses moyens, on sabote son avenir et on se prépare des lendemains difficiles, consacrés au remboursement de lourdes dettes. Des études ont démontré que l'attitude de l'individu face à l'argent est l'une des principales raisons empêchant tant de gens de faire un budget et de bien gérer leur argent. Si vous vous dites que réduire votre train de vie est un sacrifice douloureux, totalement injuste, et non un moyen d'atteindre vos objectifs financiers et généraux, vous aurez du mal à vous y tenir – parce que vous serez tiraillée entre votre attitude et vos objectifs.

Ne soyez pas trop brutale non plus en vous imposant un plan de rigueur ultra-draconien : ce nouveau régime ne tiendrait pas une semaine. Au contraire, fixez-vous des objectifs réalistes mais efficaces, qui permettront de vous offrir des petits plaisirs de temps en temps, tout en assainissant votre situation financière. C'est ce qui fait la différence entre un régime draconien et une alimentation équilibrée. Le premier, trop contraignant, ne tient que quelques jours ; le second, positif, dure toute une vie et permet de s'octroyer des petits plaisirs de temps en temps tout en atteignant les objectifs fixés. C'est la raison pour laquelle il est nettement préférable de s'imposer un budget et de reprendre les choses en main, avant qu'il soit trop tard.
Cela vous permettra de :

- Être rassurée, en ayant suffisamment d'argent pour les choses importantes ;
- Cesser de faire des acquisitions inutiles ;
- Résister aux impulsions d'achat ;
- Ne plus passer de nuits blanches dues à vos problèmes financiers ;
- Prendre des mesures constructives quand l'argent commence à vous faire défaut ;
- Mener la vie agréable et confortable dont vous rêvez.

Comment reprendre les choses en main

Pour cela, il va falloir établir un budget, déterminer le montant de vos dettes (le cas échéant) et aussi réaliser des économies. Tant que vous ne saurez pas où passe votre argent, il sera difficile de prendre des décisions sensées pour réduire vos dépenses. Un budget bien conçu montrera exactement comment vous dépensez vos sous et permettra de concocter un plan d'action pour vous offrir ce qui compte et réduire les dépenses sur les postes qui ne sont pas réellement indispensables. Pour faire votre budget, complétez ce qui suit.

o **Revenus mensuels** (c'est-à-dire votre salaire et tout autre revenu régulier).

o **Dépenses incompressibles par mois** : (ce que vous *devez* impérativement payer, faute de quoi vous aurez de gros soucis, et non ce que vous *pensez* devoir acheter pour ne pas vous sentir lésée…)

- Remboursement emprunt immobilier ou loyer mensuel ;
- Gaz ;
- Électricité ;
- Téléphone fixe ;
- Eau ;
- Taxe d'habitation et impôts fonciers ;
- Frais de transport (frais pour aller travailler, et non dépenses en taxi) ;
- Remboursement cartes de crédit à la consommation et cartes de magasins ;
- Remboursement autres crédits ;
- Alimentation (pas les notes de restaurant, mais ce que vous préparez à la maison) ;
- Frais liés à la voiture (assurance et remboursement de crédit).

Total : ______________

Retirez le total de votre revenu mensuel. L'argent qui reste, c'est votre budget pour le mois. Divisez cette somme par quatre pour trouver le budget de la semaine, puis par sept pour obtenir le budget pour la journée.

o **Dépenses accessoires, par mois** :

– Sorties repas (y compris déjeuners, petits déjeuners et thés) ;
– Boissons (alcool, café, eau et canettes de soda) ;
– Cigarettes ;
– Téléphone mobile et Internet (frais qui semblent indispensables mais sur lesquels on peut réaliser des économies) ;
– Livres, magazines et journaux ;
– Cinéma/DVD/vidéos (location, achat et VOD) ;
– Inscription à la salle de gym (que vous y alliez ou non) ;
– Cadeaux (pour vous et pour les autres) ;
– Vêtements, chaussures et sacs à main ;
– Beauté (produits pour les cheveux, coiffeur, articles de toilette et maquillage) ;
– Divers (loisirs, déco, dépenses secrètes).

Total : ______________

Maintenant, soustrayez le total du montant qui restait après les dépenses incompressibles. Vous êtes sidérée ? horrifiée ? atterrée ? en état de choc en découvrant la somme qui reste (ou qui ne reste pas) ? Quel que soit le chiffre, pas de panique. Souvenez-vous qu'un budget est un point de départ, rien de plus. À partir de là, il existe différentes manières d'accroître le montant que vous pouvez dépenser et épargner : augmenter vos revenus, modifier vos dépenses, apprendre à faire des coupes intelligentes dans votre budget. Mais avant tout, il faut commencer par rembourser vos dettes.

Étape numéro 2 : gérez vos dettes

Étudiez attentivement la liste des dépenses incompressibles, et notamment la rubrique faisant apparaître vos remboursements de cartes de crédit à la consommation et de cartes de magasins. Comme la plupart des gens, vous remboursez sans doute le montant minimum, en espérant qu'un jour, vous serez sortie d'affaire. Seulement voilà : en procédant ainsi, vous ne payez que les intérêts – ce qui veut dire que le montant de la dette ne diminue pas.
Pour assainir votre situation financière et être un jour exempte de dettes, il faut rembourser davantage que le montant minimum. Mission impossible, pensez-vous ? Vous allez y arriver, en réduisant les dépenses consacrées chaque mois aux postes accessoires (ce livre va vous fournir quantités de pistes pour cela) et en coupant en deux vos cartes de crédit, pour éviter toute tentation pendant la période de remboursement des dettes.

Par où commencer ?

Avant toute chose, faites la liste exacte des sommes que vous devez, avec les taux d'intérêts correspondants (c'est-à-dire ce que gagne la banque en vous prêtant cet argent). Cela permettra de classer les dettes par ordre de priorité. Pour rembourser le plus rapidement possible et perdre le moins d'argent, commencez par celles qui sont assorties du taux d'intérêt le plus élevé et remboursez le plus possible. Voici un exemple.

À qui je dois de l'argent	Total dû	Remboursement mensuel	Taux d'intérêt
Carte de crédit n° 1	2 500	40	26 %
Carte de crédit n° 2	400	10	15,9 %
Carte de magasin	200	30	28,9 %
Crédit à la consommation	2 000	75	15 %
Amis et famille	300	10	0 %

Si vos dettes sont vraiment colossales et si le plan proposé ci-dessus paraît inadapté, pourquoi ne pas contracter un nouveau crédit pour rembourser l'ensemble de vos dettes ? Ainsi, vous n'aurez plus qu'un crédit à rembourser. Toutefois, soyez extrêmement prudente en choisissant l'organisme qui rachètera votre prêt. Mieux vaut s'adresser aux banques ayant pignon sur rue : elles pratiquent des taux d'intérêts moins élevés que les organismes spécialisés dans le rachat de crédits et elles proposent des taux fixes (c'est-à-dire qui n'augmenteront pas pendant la durée du prêt : ainsi, vous connaîtrez précisément les montants à rembourser jusqu'à la fin du crédit). La prudence s'impose avec les organismes spécialisés dans le rachat de crédits, qui ciblent une clientèle à laquelle les banques ne prêtent pas (des clients très endettés et peu solvables). Les taux d'intérêts proposés sont très élevés, et parfois variables, ce qui signifie qu'ils peuvent augmenter. Soyez extrêmement vigilante si vous optez pour cette solution et lisez attentivement les clauses imprimées en petits caractères.

Mieux encore, demandez à un ou une amie qui s'y connaît bien de lire le contrat.

TOUTE LA VÉRITÉ SUR LES CARTES DE CRÉDIT

Avec presque 1,3 milliard de cartes de crédit en circulation, les États-Unis en comptent plus que le reste du monde. 48 % des Américains ont des dettes liées à leurs cartes de crédit.

Le Royaume-Uni constitue le deuxième marché mondial, avec 59 millions de cartes de crédit.

En France, on compte 39 millions de cartes bancaires et 9 millions de cartes de crédit.

En Allemagne, 82 millions de personnes détiennent 93 millions de cartes bancaires et 20 millions de cartes de crédit.

La somme due sur les cartes de crédit australiennes est en hausse continue, atteignant désormais la somme record de 42 milliards de dollars australiens.

25 % des Canadiens ont des crédits à la consommation compris entre 10 000 et 40 000 dollars canadiens, sans compter les dettes liées aux crédits immobiliers.

L'épargne et les cartes de crédit

Voyons si vous faites un bon usage de votre épargne. Faites-vous partie des gens qui ont plusieurs milliers d'euros de dettes, mais qui se sentent en sécurité parce qu'ils ont une petite épargne ? Détrompez-vous, quiconque a des dettes n'a pas d'épargne. Certes, il est important de conserver une petite réserve pour faire face aux imprévus, mais mieux vaut utiliser son épargne pour réduire ses dettes. C'est ce qui vous aidera pour l'avenir.

Enfin, faites preuve de circonspection dans l'usage de vos cartes. Si vous êtes très endettée ou si vous ne savez pas faire un budget, les cartes de crédit, et leurs cousines les cartes de magasins, ne vous conviennent pas, car elles permettent facilement de contracter plusieurs milliers d'euros de dettes.

Les cartes de magasins (en fait, il s'agit d'un compte que vous avez dans un magasin ou une chaîne de magasins) sont particulièrement toxiques, dans la mesure où les taux d'intérêts pratiqués sont très élevés. Évitez-les à tout prix. Si vous en possédez une, coupez-la en deux !

Les cartes de crédit vous seront utiles uniquement si vous savez gérer votre argent et si vous arrivez à rembourser vos dettes tous les mois.

COMMENT REMBOURSER VOS DETTES

• Établissez un plan de remboursement réaliste – c'est-à-dire pas trop draconien, car il risquerait alors d'avoir l'effet inverse : le plan d'austérité que vous vous imposez pourrait vous pousser à faire de nouveaux achats inconsidérés.

• Réfléchissez aux raisons qui vous incitent à dépenser autant (voir « L'argent et les émotions » ci-dessous).

• Déterminez les taux d'intérêts pratiqués pour vos emprunts et votre découvert, et optez pour des crédits assortis de taux moins élevés.

• Prévoyez dans votre budget une somme conséquente pour le remboursement de vos dettes, tous les mois.

• Envisagez le rachat de tous vos crédits.

• Faites-vous conseiller par des professionnels qui vous aideront à mettre de l'ordre dans vos finances.

L'argent et les émotions

Pour assainir votre situation financière, il va falloir réfléchir à l'incidence des émotions sur vos dépenses et votre mode de vie. Par exemple, pourquoi pensez-vous mériter la vie des gens riches et célèbres, alors que vous n'en faites pas partie ? Cette introspection vous aidera à comprendre pourquoi vous êtes incapable de réduire votre train de vie, tout en sachant que vous devriez le faire. Elle vous aidera aussi à maîtriser vos attentes, pour apprécier votre vie différemment, de manière plus réaliste. Quiconque n'est jamais reconnaissant pour les petits bonheurs de l'existence ne sera jamais heureux, même en ayant des mille et des cents à la banque.

« Quand je suis stressée, je fais deux choses : je mange du chocolat et j'achète des trucs sur Internet. La première me fait grossir, la seconde va me ruiner. »

Fiona, 27 ans

Restreindre ses dépenses n'est pas une chose facile. Ça l'est encore moins lorsqu'on ne peut pas, ou qu'on ne veut pas, revoir sa définition d'une vie heureuse et épanouie. Par conséquent, souvenez-vous qu'une existence réussie n'est pas forcément placée sous le signe de l'extravagance, de l'opulence et du luxe permanent (même si à petites doses, cela ne fait pas de mal). Il s'agit d'être heureuse et d'apprécier ce que l'on a, même si l'on ne peut pas s'offrir des chaussures de créateur, partir en vacances deux fois dans l'année ou dîner au restaurant tous les soirs.

Problème n° 1 : « je le mérite »

Le syndrome du « je-le-mérite » est très répandu chez les femmes. Il consiste à se faire plaisir sous prétexte que l'on subit les humeurs de quelqu'un, un stress ou des personnes désagréables, et à considérer qu'on mérite bien une petite récompense : de nouveaux vêtements, une paire de chaussures, une sortie hors de prix, etc. Pour lutter contre ce syndrome, il faut comprendre qu'un achat ne permet pas de combler un besoin psychologique. Si vous dépensez de l'argent pour vous sentir mieux, il serait préférable de regarder les raisons de votre malaise en face.

Problème n° 2 : « je le veux, il me le faut »

Dites moi, quel âge avez-vous ? Cinq ans ? « Je veux », c'est ce que disent les petits enfants qui n'ont pas encore de self-control. Donc, si vous savez vous habiller toute seule, vous devriez normalement avoir dépassé ce stade. Tout le monde veut des choses, mais on ne peut pas toujours les obtenir. De plus, les achats impulsifs sont destinés à apporter une gratification immédiate. Ce qui veut dire que vous voulez l'objet de votre convoitise là, maintenant, tout de suite. Mais le désirerez-vous toujours demain ?

Problème n° 3 : « tout le monde en a, alors pourquoi pas moi ? »

Eh oui, la vie est injuste. Parfois, on ne peut pas s'offrir un écran plasma/une opération de chirurgie esthétique/une nouvelle voiture, faute de moyens. Une situation difficile à vivre si tous vos proches, eux, ont accès à ce type de vie. La solution consiste à augmenter vos revenus (voir ci-dessous), mais aussi à réfléchir aux raisons qui vous poussent à vouloir ce que tout le monde a. Avez-vous l'impression d'être dévalorisée parce que vous gagnez moins d'argent ? Vos amis vous jugent-ils parce que vous ne pouvez pas vous offrir les mêmes choses qu'eux ? Ou bien s'agit-il simplement d'être comme tout le monde ?

Problème n° 4 : « je veux vivre comme une célébrité »

Le monde contemporain est obnubilé par les célébrités : les gens riches et célèbres s'affichent avec une profusion de produits qui nous incitent à croire que nous pourrions être comme eux en achetant ce qu'ils achètent. Bien évidemment, il s'agit d'un leurre. Toutefois, si ce mode de fonctionnement vous semble familier, revoyez vos attentes et demandez-vous si elles ne sont pas quelque peu exagérées. Seuls les gens riches et célèbres vivent comme des gens riches et célèbres. Ce qui veut dire que si vous faites partie du commun des mortels, comme la plupart d'entre nous, vous devez vivre comme tel.

Gagnez plus d'argent, et vite !

Cela étant dit, passons maintenant à une partie plus amusante de cet ouvrage et découvrons comment mener grand train en dépensant moins, et aussi comment gagner plus d'argent. Commençons par rappeler une évidence : chacune de nous part du principe qu'elle gagne autant d'argent qu'il lui est possible d'en gagner. Or c'est souvent faux ; il existe un millier de solutions parfaitement légales pour accroître ses revenus. Ces idées ne vous plairont peut-être pas, ou bien vous n'aurez pas envie de les mettre en pratique, toutefois, si l'objectif est d'améliorer vos revenus et de vivre plus confortablement, voici quelques pistes.

Demandez une augmentation

Pas besoin d'attendre la réévaluation annuelle de votre salaire pour obtenir une augmentation.

S'il est difficile de demander une hausse de salaire sans raison particulière, vous pouvez mettre toutes les chances de votre côté. Pour commencer, accomplissez un travail de qualité et assurez-vous que tout le monde s'en rend compte. Attention ! cela ne signifie pas qu'il va falloir vous transformer en horrible lèche-bottes, mais simplement être un élément contribuant authentiquement au bon fonctionnement de l'entreprise. Proposez par exemple de servir de mentor à un salarié, ou trouvez-vous un mentor ou un coach qui vous aidera à gravir les échelons.

Sachez mettre les formes pour demander une augmentation. Montrez à votre interlocuteur que vous le méritez (vous en faites davantage que ce qu'on attend de vous, vous avez apporté de nouveaux clients, etc.).

« J'ai obtenu une augmentation plus importante que prévu lors de ma promotion, grâce à l'idée suivante : j'ai proposé de prendre en charge un salarié junior du service et de le former, ce qui a évité à l'entreprise de recruter quelqu'un pour reprendre mon poste. Cela a fait économiser des milliers d'euros à ma boîte, et moi, ça m'a fait gagner de l'argent supplémentaire, pour sa formation. »

Hannah, 28 ans

Quoi qu'il arrive, ne brandissez pas la menace d'une démission et ne vous plaignez pas d'être sous-payée. La clé pour gagner plus, c'est d'améliorer sa réputation, pas de la saborder.

Si cela ne fonctionne pas, envisagez de changer d'emploi. Vous adorez peut-être votre travail actuel et vous n'avez aucune envie de partir, cependant, un changement de poste est une solution efficace pour gagner plus d'argent rapidement. Faites-le au sein de votre entreprise et vous aurez une petite augmentation. Changez d'employeur et vous gagnerez peut-être beaucoup plus.

Trouvez-vous un deuxième job

LE SAVIEZ-VOUS ?

Selon l'Office américain des statistiques de l'emploi, 7,7 millions de personnes occupent plusieurs emplois aux États-Unis.

Une autre solution, plus évidente, pour gagner davantage consiste à prendre un deuxième emploi. Même si vous avez peut-être déjà des journées bien chargées, sachez que quantité de postes à temps partiel sont vacants pour le soir et le week-end. Mais avant de vous lancer, réfléchissez aux points suivants :

- Ne serait-il pas préférable de réduire vos dépenses, plutôt que de travailler de longues heures, pour un salaire peu élevé (surtout si votre emploi principal est bien rémunéré) ?
- Ne vaudrait-il pas la peine de travailler en free lance dans votre domaine d'activité, au lieu de prendre un deuxième emploi ?
- Auriez-vous la possibilité de faire des heures supplémentaires rémunérées ?

CONSEIL

Vous avez du mal à trouver un deuxième emploi ou un job à temps partiel dans votre domaine de compétence ? Pratiquez la réflexion latérale pour trouver une autre idée. Les gens cherchent toujours une personne fiable pour garder leurs enfants, promener leur chien ou surveiller leur maison pendant les vacances.

Réfléchissez aussi à d'autres motivations pour prendre un deuxième emploi. Par exemple, vous pourriez travailler dans une boîte de nuit que vous aimez bien, ce qui permettrait d'y entrer sans payer les jours où vous n'y travaillez pas. Ou bien assurer l'accueil d'un salon de beauté, pour bénéficier de soins gratuits. Ou encore prendre un emploi à temps partiel dans une salle de gym, pour avoir droit à une adhésion à tarif préférentiel (cela fonctionne aussi dans vos boutiques préférées). Toutes ces considérations rendront votre deuxième job plus épanouissant et vous aideront à tenir bon.

Enfin, si votre deuxième job rapporte des clopinettes et ne vous donne pas droit à des avantages, voyez s'il peut améliorer votre existence d'une autre façon.

La satisfaction que procure un emploi est aussi liée à l'amélioration de la qualité de vie qu'il apporte. Ce deuxième job peut vous aider à assouvir une passion, comme la cuisine ou l'art, permettre de côtoyer un monde qui vous fait rêver (comme la mode ou la musique), élargir tout simplement votre cercle de relations, aider à rencontrer l'âme sœur ou rendre votre vie plus palpitante.

QUELQUES IDÉES DE DEUXIÈME JOB

- **Promener des chiens ;**
- **Faire du baby-sitting ;**
- **Travailler dans une boutique ;**
- **Être réceptionniste ;**
- **Faire des petits boulots saisonniers – à Noël ou pour la récolte des fruits ;**
- **Effectuer des livraisons ;**
- **Donner des cours de français langue étrangère ;**
- **Faire du jardinage ;**
- **Travailler dans un restaurant ou dans un bar ;**
- **Garder des maisons ;**
- **Faire du tutorat.**

Valorisez vos compétences et vos loisirs

D'accord, la création d'entreprise n'est sans doute pas la piste idéale pour une paresseuse qui ne sait pas tenir ses comptes... En revanche, exploiter un loisir pour arrondir ses fins de mois ou valoriser ses compétences pour gagner de l'argent est une excellente idée.

Réfléchissez à vos domaines d'excellence professionnelle. Si aucune piste ne se dégage de manière évidente pour déboucher sur un emploi en free lance, pensez en terme de compétences. Par exemple, êtes-vous excellente en tâches administratives, organisation, gestion, planification d'événements, saisie de textes ou informatique ? Tous ces savoir-faire constituent de bonnes sources de revenus d'appoint pour qui sait se vendre. Pensez par exemple à proposer vos services comme *lifestyle manager* (personne qui met de l'ordre dans la vie quotidienne des gens), spécialiste du rangement, dactylo ou organisatrice de goûters d'anniversaire.

Si vos compétences professionnelles ne peuvent être converties en espèces sonnantes et trébuchantes, réfléchissez aux domaines dans lesquels vous excellez :

- Si vous aimez les enfants, pourriez-vous animer des goûters d'anniversaires (maquilleuse, conteuse, chanteuse, etc.) ou garder des petits (beaucoup d'agences de baby-sitting cherchent des intervenants pour garder des enfants la nuit et le week-end) ?
- Si vous êtes une bonne cuisinière ou pâtissière, pourquoi ne pas vous charger du buffet lorsque des amis organisent des réceptions, ou préparer des gâteaux pour des anniversaires ou d'autres occasions ?
- Êtes-vous une fée du logis ultra-efficace qui pourrait aider les gens à rationaliser l'organisation de leur intérieur ?
- À moins que vous ne soyez une pro du bricolage, dont les talents rendront de précieux services – moyennant rétribution, bien sûr.

Vous l'avez donc compris, vous devez réfléchir à une manière de gagner de l'argent grâce à votre loisir.

Qu'il s'agisse de faire des achats sur Internet, de la peinture ou du jogging, les possibilités sont nombreuses. Les passionnées de course à pied proposeront leurs services à des gens qui ont besoin d'un coup de pouce pour se tenir à leurs bonnes résolutions en matière de fitness, quelqu'un qui les poussera à quitter leur canapé trois fois par semaine. Les amatrices de couture pourront annoncer à leurs amis qu'elles sont partantes pour confectionner rideaux, couvre-lits et ourlets, voire des vêtements. L'achat et la vente sur Internet représentent également un business considérable, qui peut rapporter beaucoup d'argent.

Comme pour un deuxième job, arrondir ses fins de mois grâce à son loisir permet de gagner sur deux tableaux : vous faites ce qui vous plaît tout en gagnant de l'argent. Cela vous demandera certes du temps et des efforts, mais vous ne le regretterez pas.

20 BONS PLANS POUR MIEUX GÉRER VOTRE ARGENT

1. Organisez-vous

Votre sac à main et les tiroirs de votre bureau débordent de reçus froissés et de menue monnaie ? Vous ne savez jamais quelle est l'échéance de vos factures ? C'est donc que vous vivez dans le chaos financier. Mettez au point un système et organisez-vous, car il est impossible d'assurer financièrement sans tenir ses comptes.

2. Réfléchissez en terme de besoins, pas d'envies

D'accord, vous avez peut-être envie d'un double cappuccino, mais la vraie question est : « en avez-vous vraiment besoin ? » Ce principe s'applique à tous les achats. Évaluez le besoin sur une échelle allant de 0 à 10. Si le score obtenu est inférieur à 7, laissez tomber.

3. Demandez de l'aide

Bizarrement, en cas de panne de voiture ou de fuite dans votre toiture, vous ne chercheriez pas à réparer les choses toute seule, non ? Alors, si votre situation financière est dans un état déplorable, n'essayez pas de redresser le cap toute seule. Faites-vous aider par des professionnels.

4. Tenez un carnet de bord de vos dépenses

Notez chaque dépense et vous verrez non seulement tout ce que vous dilapidez jour après jour, mais vous identifierez aussi ce qui déclenche des dépenses émotionnelles. Procédez comme bon vous semble : notez les dépenses noir sur blanc, tenez vos comptes sur votre téléphone portable ou faites-le sur Internet.

5. Évitez les tentations

Où dépensez-vous le plus d'argent ? Sur Internet ? Dans les magasins ? Au restaurant ? Quel que soit votre talon d'Achille, évitez de vous soumettre à la tentation. Vous pouvez soit changer vos habitudes pour penser à autre chose (par exemple, invitez une amie à venir prendre un verre chez vous le soir, au lieu de faire des achats sur Internet), soit vous imposer un plan de sevrage pendant une semaine, jusqu'à ce que la tentation s'estompe.

6. Payez en espèces

C'est une excellente solution : le paiement en espèces permet de visualiser tout ce qu'on dépense en une journée.

7. Résistez à la pression sociale

Ne vous laissez pas mettre la pression pour payer une tournée (surtout si vous ne buvez pas) ou pour participer à des cadeaux au bureau. La pression sociale est l'un des principaux facteurs poussant à dépenser plus que prévu. Participez aux collectes pour l'achat d'un cadeau, mais sans forcément avoir le sentiment de devoir mettre autant que vos amis.

8. Consacrez un peu de temps chaque jour à vos comptes

Cinq minutes par jour suffisent pour garder un budget sous contrôle : vous verrez ce que vous avez dépensé et s'il convient de mettre la pédale douce. Au début, cela relèvera sans doute de la corvée, mais au bout d'un mois, ce geste sera devenu une habitude et vous n'y penserez même plus.

9. Fixez-vous des objectifs financiers précis

On résiste plus facilement à la tentation de dépenser inutilement lorsqu'on économise dans un but bien précis. Ayez des objectifs financiers à court, moyen et long termes (qu'il s'agisse de rembourser vos dettes, de vous offrir une paire de chaussures ou d'acheter une voiture), vous verrez, vos envies d'achats inutiles disparaîtront comme par enchantement.

10. Évitez d'utiliser votre carte bancaire

En payant par carte, on n'a pas vraiment l'impression de dépenser de l'argent. Inutile de dire que ce n'est pas l'outil idéal pour dépenser moins et assainir ses finances.

11. Ne vous laissez pas piéger par la publicité...

... et surtout pas par les publicités sur Internet, qui annoncent que vous avez « gagné » quelque chose, alors que vous avez simplement acheté un article avec votre argent. C'est une ruse pour vous inciter à acheter davantage, en créant l'illusion que vous obtiendrez quelque chose gratuitement – ce qui n'est bien évidemment pas le cas.

12. Passez votre budget en revue une fois par mois

Il est essentiel que vous revoyiez régulièrement votre budget pour vérifier qu'il n'y a pas de dépassements et pour le corriger en cas d'excès ou de rentrée d'argent imprévue.

13. Ne paniquez pas

Même si l'heure est grave, ne prenez pas de décisions inconsidérées – évitez notamment toutes les propositions du type « gagnez beaucoup d'argent en peu de temps », qui proposent d'investir pour gagner une fortune. Ces propositions, illégales dans certains pays, sont de véritables escroqueries et n'arrangeront pas votre situation. Gérer son argent ne veut pas dire le dilapider en espérant un miracle.

14. Suivez ce qui se passe sur votre compte

Rien ne sèmera plus vite la pagaille dans vos finances, en rendant votre budget totalement inutile, que d'oublier les virements réguliers débités de votre compte. Si vous ne pouvez pas (ou ne voulez pas) tous les faire débiter le même jour, mettez en place un système de rappels (par e-mail ou par téléphone portable) pour être sûre que votre compte est approvisionné.

15. Mettez votre argent sur des comptes distincts ou dans des tirelires différentes

Si vous avez du mal à gérer votre argent, pourquoi ne pas créer différents comptes pour différents types de frais (comme les factures, le loyer, les virements) ? Vous pouvez même glisser de l'argent dans différentes tirelires pour être sûre d'avoir les liquidités nécessaires au paiement de vos frais.

16. Surveillez vos fréquentations

Nous subissons toutes la pression de notre entourage, quel que soit notre âge. Faites attention à ne pas vous laisser pousser à la dépense par vos amis, que ce soit intentionnel ou non.

17. Sachez que cela va faire mal

Changer ses habitudes n'est pas facile. Il y aura des jours où vous aurez envie de hurler : « C'est trop injuste ! » Seulement voilà, faire un budget et surveiller vos dépenses est le seul moyen d'améliorer votre situation financière. La bonne nouvelle, c'est que mieux vous vous débrouillerez, moins ça sera douloureux !

18. Affûtez vos compétences en mathématiques

Ne tombez pas dans le piège de croire que vous pouvez dépenser davantage sous prétexte que vous faites des économies par ailleurs. Faites vos comptes, vous pourrez dépensez plus uniquement si vous gagnez plus !

19. Surveillez les taux d'intérêts

Les taux d'intérêts et les frais de tenue de compte pratiqués par les banques et autres institutions financières ne sont pas immuables : ils peuvent augmenter et faire exploser un budget. Alors rendez-vous service et épluchez vos relevés de compte pour voir ce que vous payez.

20. Sachez qu'amour et problèmes financiers ne font pas bon ménage

Évitez d'avoir un compte joint avec votre chéri si l'un de vous est un champion de la comptabilité et l'autre un vrai panier percé ; cela aura tôt fait de créer des problèmes au sein du couple, plus rapidement qu'une liaison extraconjugale !

chapitre 2

Comment ne pas renoncer totalement au plaisir du shopping

Et si vous repensiez votre façon de faire du shopping ?

Même les championnes toutes catégories de la paresse – trop paresseuses pour faire la vaisselle, pour ramasser leurs vêtements par terre ou pour faire leurs comptes – sont rarement trop flemmardes pour faire du shopping. Ce qui n'a rien d'étonnant quand on sait qu'il s'agit du passe-temps numéro un universel. On peut s'adonner au shopping à la pause déjeuner, le week-end, quand on s'ennuie, quand on est de mauvaise humeur ou quand on a besoin de s'offrir un petit cadeau pour se remonter le moral. Bref, c'est une activité à part entière. C'est un plaisir, mais pour la plupart d'entre nous, c'est aussi un gouffre qui engloutit tout notre argent durement gagné.

Faites du shopping tous les jours, par désœuvrement, et vos armoires regorgeront de jolies choses. Mais cela signifie aussi que vous vous interdisez la vie à laquelle vous aspirez en dilapidant de l'argent qui serait mieux investi ailleurs. Si vous croulez sous les dettes, il est fort probable que vos achats sont une composante importante du problème. Par conséquent, le jour où vous déciderez d'assainir vos finances, le shopping sera le premier poste auquel il faudra vous intéresser.

Êtes-vous une *shopping addict* ?

« J'adore faire des achats. Je fais du shopping sur le chemin du bureau, à la pause déjeuner, sur Internet le soir en rentrant du pub et tout le week-end. Je dépense une fortune mais j'adore ça. »

Julia, 30 ans

La clé, pour cesser vos achats ruineux, c'est avant tout de comprendre ce qui vous pousse à acheter. Ensuite, il faudra apprendre à vous restreindre au strict nécessaire et faire l'impasse sur tout le reste. Pour beaucoup d'entre nous, le shopping va bien au-delà de l'acte d'achat. C'est un loisir qui rime avec plaisir et satisfaction, excitation et extravagance. Il s'agit aussi d'exister aux yeux du monde extérieur, c'est pourquoi il est important d'analyser son attitude face au shopping pour maîtriser les impulsions qui poussent à acheter.

LE SAVIEZ-VOUS ?

Des études ont démontré que les émotions influencent jusqu'à 80 % de nos dépenses – l'être humain est davantage enclin à dépenser lorsqu'il est découragé, démoralisé ou contrarié.

Vous achetez par habitude et par désœuvrement

Si le shopping est devenu une habitude, la solution consiste à ne pas se soumettre à la tentation. Commencez par identifier les moments où vous achetez le plus : le week-end, le soir sur Internet, pendant votre pause déjeuner ?

Une fois les périodes à risque identifiées, prévoyez quantité d'autres activités pour ne pas être tentée. Par exemple, calez un cours de gym ou une formation sur Internet à l'heure du déjeuner. De la même manière, en invitant des amis chez vous le soir ou en cachant tout simplement votre carte de crédit, vous pourrez endiguer vos dépenses sur Internet.

Quant à celles qui achètent par désœuvrement, je leur conseille de trouver un loisir qui les occupera (et qui occupera leurs mains). Vous aimez lire ? Créez un cercle de lecture (ou adhérez à un club existant). Allez courir, suivez un cours de cuisine, créez un blog que vous ferez vivre au quotidien, ou inscrivez-vous à un cours. Mieux encore, pratiquez la méthode du sevrage brutal : allez passer le week-end quelque part où il n'y a pas de magasins (si, si, ça existe !). Veillez toutefois à prévoir suffisamment de distractions pour éviter de vous précipiter dans la première station-service ouverte de nuit que vous croiserez sur le chemin du retour pour y dépenser une fortune.

C'est un sentiment de solitude qui vous pousse à acheter ? Dans ce cas, invitez des amis chez vous pour une soirée auberge espagnole (où chacun apporte quelque chose à manger) ou bien instituez un dîner hebdomadaire entre amis. Il peut s'agir d'une institution toute simple qui vous réunit tous les lundis soir. Quelle que soit la formule retenue, l'idée consiste à s'occuper l'esprit en s'amusant en bonne compagnie, ce qui évite d'avoir envie de dépenser de l'argent inutilement.

Vous dépensez pour les autres

Vous achetez des cadeaux en masse ? Vous ne pouvez vous empêcher de faire des emplettes pour votre entourage, que ce soit pour Noël, pour les anniversaires ou juste parce que vous avez aperçu un truc qu'ils vont adorer ? Si c'est le cas, vous vous rassurez sans doute en pensant que vous n'êtes pas dépensière. La preuve : vous n'achetez rien pour vous ! En fait, si. C'est ce qu'on appelle des dépenses de transfert. Que vous en ayez conscience ou non, ces achats procurent des montées d'adrénaline. Le problème, c'est que la plupart des gens qui achètent des cadeaux à la pelle ne peuvent pas se le permettre.

Il est important de comprendre que couvrir son entourage de cadeaux n'est pas une preuve d'amour ni d'affection, mais simplement le signe qu'apparemment, on a beaucoup d'argent à dilapider.

Si votre budget interdit l'achat de gros cadeaux (voire de petits), trouvez d'autres moyens de manifester de l'affection à vos proches : consacrez-leur du temps, invitez-les pour un repas (peu coûteux) que vous aurez cuisiné pour eux, ou proposez-leur de ne pas vous offrir mutuellement de cadeaux cette année (c'est beaucoup plus simple qu'on ne le croit). Celles qui ne peuvent vraiment pas s'empêcher d'acheter profiteront des affaires tout au long de l'année en prévision de Noël et des anniversaires, et réfléchiront davantage avant d'acheter ; ainsi, elles ne feront pas exploser leur budget et offriront des cadeaux qui seront appréciés.

Vous ne vous rendez pas compte de ce que vous dépensez réellement

« Je fais un budget, assez sérieusement. Il n'empêche qu'en fin de mois, je suis toujours à découvert d'environ 200 euros et je ne comprends pas pourquoi. »

Jo, 28 ans

Ces dépenses excessives sont peut-être dues à une mauvaise gestion de votre argent. Vous n'êtes ni une acheteuse compulsive, ni un panier percé. Simplement, vous ne vous rendez pas compte de ce que vous déboursez réellement chaque jour, en dépit de votre budget. Dans ce cas, il faut comparer ce que vous dépensez réellement à ce que vous croyez dépenser.

Un système très simple permet de visualiser la différence : pendant une semaine, tenez un journal de vos dépenses et notez-y tous les achats, du cappuccino au journal en passant par le paquet de chewing-gums. En fin de journée, calculez le total.

Voici quelques conseils pour mieux comprendre où passent vos sous :

- Ouvrez vos placards : quels sont les articles que vous avez achetés en quantités excessives, sans même vous en rendre compte ?
- Épluchez vos reçus de carte bancaire et regardez les sacs de magasins : où achetez-vous le plus de choses ?

- Votre argent passe-t-il dans les vêtements ? dans la nourriture ? dans les produis de beauté ?
- Votre comportement en matière de shopping vous incite-t-il à acheter des bricoles (des trucs que vous finissez par jeter à la poubelle et des objets inutiles dont vous n'avez pas vraiment envie) ?

Vous achetez pour vous offrir un style de vie

Si ces achats sont motivés par l'envie d'accéder à un statut social, sachez qu'une voiture, une montre et les marques de vêtements ne constituent pas un prolongement de votre identité, réelle ou perçue par votre entourage. Ces signes extérieurs ne montrent pas à la face du monde que vous êtes quelqu'un qui réussit dans la vie, que vous êtes dans le coup, riche et tendance. En réalité, tout cela ne montre qu'une seule chose : que vous dépensez beaucoup d'argent.

Une voiture, ce n'est guère plus qu'une voiture. Si cela représente davantage à vos yeux, interrogez-vous : une partie de votre vie est-elle un écran de fumée ? De quoi avez-vous vraiment besoin pour être bien dans vos baskets ? Certes, nous vivons dans une société qui ne cesse de nous répéter que posséder, c'est exister. La vérité, c'est que l'identité d'un individu n'a rien à voir avec les vêtements qu'il porte et la manière dont il vit. Pour cesser de « surdépenser », il va falloir dissocier votre image de vous de vos biens matériels.

AVIS AUX FUMEUSES

La cigarette est un moyen diablement efficace de gaspiller de l'argent, surtout en période de vaches maigres. Comme les nouvelles lois interdisent désormais de fumer dans les lieux publics, il est plus facile que jamais d'arrêter. Prenez une excellente décision pour votre santé et vos finances : arrêtez de fumer.

Vous achetez pour aller mieux

Si vous dépensez pour améliorer une estime de vous défaillante, arrêter risque de se révéler plus difficile. Vous avez le sentiment d'être une acheteuse compulsive (c'est-à-dire qui ne peut s'empêcher d'acheter) ? Dans ce cas, il va falloir consulter un professionnel (les achats compulsifs constituent une pathologie appelée « oniomanie »). Voici quelques indices permettant de déterminer si vous êtes concernée :

- L'acte d'achat vous procure de l'excitation et un intense sentiment de bonheur ;
- Vous êtes stressée quand vous ne pouvez pas aller faire du shopping ;
- Vous êtes incapable d'aller quelque part sans rien acheter ;
- Vous mentez à vos proches sur le prix de vos achats ou sur les objets achetés ;
- Vous faites passer vos nouvelles acquisitions pour des trucs que vous avez depuis une éternité ;
- Votre situation financière n'est pas reluisante mais vous continuez malgré tout à acheter ;
- Vous exultez lorsque vous dépensez de l'argent ;
- De retour chez vous, vos achats vous dépriment et suscitent un sentiment de culpabilité ;
- Vos amis vous font remarquer que vous faites beaucoup, beaucoup d'achats ;
- Vous ne déballez même pas vos nouvelles acquisitions, ou bien vous oubliez que vous avez déjà certaines choses, que vous rachetez.

Vous êtes accro à l'exaltation procurée par le shopping (qui provoque des montées d'adrénaline) ? C'est généralement signe qu'il est temps de trouver autre chose pour vous donner des sensations fortes. Pour rompre avec cette habitude, trouvez une nouvelle activité. Pratiquez un sport extrême (d'accord, j'en conviens, c'est peut-être un peu violent pour une paresseuse), écrivez un roman, devenez mentor, faites quelque chose pour la collectivité. Mieux, passez en revue vos compétences et envisagez de créer une entreprise : cela vous procurera des sensations fortes tout en gagnant de l'argent, au lieu d'en dépenser. Encore mieux, cessez de dépenser vos sous et essayez de concrétiser un vieux rêve, ce qui vous procurera les mêmes montées d'adrénaline. C'est moins cher, cela dure plus longtemps et, qui sait, cela pourrait même être le début de la fortune.

Vous achetez pour avoir le sentiment d'exister

Vivre au-dessus de ses moyens, cela ne signifie pas forcément acheter trop de vêtements ou s'offrir des vacances hors de prix. Dans certains cas, cela consiste simplement à dépenser plus d'argent qu'on n'en possède, pour avoir le sentiment d'exister. Les unes achètent une marque d'aliments hors de prix, les autres vont chez un coiffeur glamour au lieu d'aller au coin de la rue.

Pour rompre avec ces habitudes, il est important de comprendre que ce n'est pas parce qu'on a envie d'acheter des vêtements de créateur, de manger bio et de se faire faire un soin du visage par semaine, qu'on peut le faire. Pour exister, vous n'avez pas besoin de vous offrir des extras hors de prix ni d'avoir un certain train de vie. Apprenez à profiter des petits plaisirs à la portée de votre portefeuille : une petite bricole, comme une confiserie ou un magazine, au lieu d'un week-end dans un palace cinq étoiles.

Impossible de dissocier vos dépenses de votre identité ? Dans ce cas, demandez-vous pourquoi il vous faut toujours ce qu'il y a de meilleur.

Qu'est-ce que cette attitude révèle vous concernant (je ne peux pas me le permettre mais je le veux à tout prix) ? Rappelez-vous : l'argent gagné ne doit pas servir à assouvir des besoins coûteux en permanence, mais à vivre sereinement, sans inquiétudes. Par conséquent, considérer sa situation financière au jour le jour ne suffit pas. Il faut aussi prévoir l'avenir, aussi important que le présent. Après tout, quel est l'intérêt d'avoir des dizaines de sacs à main si on ne peut pas payer son ticket de bus pour aller travailler ou si les huissiers viennent sonner à votre porte ?

Des achats, oui. L'angoisse et la faillite, non.

COMMENT CHANGER D'ATTITUDE FACE AU SHOPPING : MODE D'EMPLOI SPÉCIAL PARESSEUSES

Évaluez sur une échelle de 1 à 10 votre besoin réel d'un objet donné (attention, j'ai dit *besoin*, pas *envie*).

- Pour les achats importants, accordez-vous une période de réflexion de 24 heures. Mettez ce délai à profit pour chercher la même chose ailleurs, moins cher ;
- Avant de sortir faire des courses, dressez systématiquement la liste de ce dont vous avez besoin et tenez-vous à votre liste ;
- N'emportez qu'une carte bancaire et une somme déterminée de liquide, et fixez-vous un montant limite ;
- Interdisez-vous les achats inutiles et impulsifs (vous avez besoin de dépenser de l'argent) et les coups de cœur totalement imprévus ;
- Allez faire des courses avec une personne raisonnable (une amie ou un membre de votre famille) – oui, ce « rabat-joie » gâchera votre plaisir, mais il vous fera aussi réaliser des économies.

Achetez futé : mode d'emploi

Aborder vos achats autrement ne signifie pas renoncer totalement au plaisir du shopping. Une fois tous les conseils prodigués plus haut assimilés, vous pourrez parfaitement aller faire les boutiques ! Simplement, il va falloir surveiller davantage vos dépenses. Contrairement à ce qu'on croit souvent, il ne s'agit pas d'acheter bon marché (bien que cela puisse aider), mais de revoir ses expériences en les planifiant et en faisant preuve d'un peu de créativité et de jugeote.

Règle n° 1 : je planifie

Combien de fois êtes-vous entrée dans un magasin pour acheter un rouge à lèvres, avant d'en ressortir les bras chargés d'affaires en or : shampooing, savon, mascara et autres articles de toilette ? Des produits extraordinaires, certes. Sauf qu'on ne peut véritablement parler d'économies lorsqu'il s'agit d'articles dont vous n'aviez pas besoin. Faire des économies, c'est payer moins cher un article qu'on avait prévu d'acheter. D'où la nécessité de faire une liste avant de sortir de chez soi, pour faire des achats malins.

Cette liste devra énumérer tous les articles à acheter et préciser en détail : le prix maximal que vous êtes prête à mettre, le magasin, ainsi que la taille/la couleur/la quantité prévues (s'il s'agit d'alimentation ou de produits de beauté). Une fois ces paramètres définis, vous risquerez moins de faire une vraie-fausse bonne affaire, en achetant un pantalon trop grand ou en prenant deux articles pour avoir le troisième gratuit.

En fin de liste, faites le total de tout ce que vous prévoyez d'acheter et voyez si cela rentre dans votre budget. En cas d'incompatibilité, revoyez la liste, impitoyablement. Optez pour d'autres marques (allez-vous acheter une étiquette ?), revoyez les quantités à la baisse pour réduire le total ou bien rayez certains articles.

En sortant systématiquement munie de votre *shopping list*, vous diminuerez le risque de rentrer avec de « bonnes affaires » dont vous n'avez pas besoin et dont vous ne pensiez pas avoir envie… jusqu'au moment où votre regard s'est posé sur elles.

Règle n° 2 : je ne vais pas faire des achats tous les jours

Pour la plupart d'entre nous, les achats ont le même effet qu'un robinet qui fuit. C'est-à-dire que nous dépensons de l'argent tous les jours, sans nous en rendre compte. À nos yeux, seules les grandes virées shopping constituent de véritables dépenses. Or, pour avoir une idée très précise de ce que vous faites de vos sous, il faut comptabiliser tous les achats, y compris la petite bricole sur le chemin du bureau, les achats commandés sur Internet à la pause déjeuner (généralement en mangeant un sandwich) et les confiseries achetées en rentrant à la maison. Le simple fait de noter les dépenses quotidiennes, de multiplier ce total par les sept jours de la semaine, puis par les 52 semaines de l'année peut suffire pour visualiser la somme considérable qui vous file entre les doigts, ni vu ni connu.

Pour dépenser efficacement, il faut faire le tri entre ce que vous achetez par habitude et ce dont vous avez réellement besoin. Par exemple, une canette de soda est-elle indispensable pour accompagner votre sandwich, s'il y a de l'eau et du thé qui ne coûtent rien au bureau ? Avez-vous besoin de prendre un café, s'il y a une cafetière au bureau ? Pouvez-vous survivre sans acheter le journal tous les matins (lisez-le sur Internet) ?

Pour vous motiver, calculez votre budget annuel en dépenses quotidiennes et réfléchissez à tout ce que vous auriez pu faire avec cet argent.

Règle n° 3 : j'arrête de faire des achats impulsifs

Vous décidez d'aller faire les boutiques, juste pour regarder, sans rien acheter ? Attention, il s'agit d'être honnête avec soi-même : si vous êtes vraiment décidée à ne rien acheter, laissez votre carte bancaire à la maison.

Cela écartera tout risque d'achat impulsif, qui se révèle presque toujours inutile et qu'on finit par regretter. De la même manière, ne surfez pas sur

Internet par désœuvrement – avant d'avoir le temps de dire ouf, vous aurez fait une réservation pour un week-end ou acheté des sous-vêtements pour l'année. Alors, répétez avec moi : les achats impulsifs sont des achats que l'on fait par pur désœuvrement ! Trouvez-vous plutôt un loisir ou laissez systématiquement la nuit porter conseil ; accordez-vous 24 heures de réflexion avant d'acheter quoi que ce soit. Si l'envie n'est pas passée, retournez dans le magasin et soyez sûre de votre choix avant de régler (payez en espèces ou par chèque, pour avoir le sentiment de dépenser des sous).

CONSEIL

Le meilleur conseil à donner aux *shopping addicts*, c'est de se poser systématiquement la question suivante : « Est-ce que je peux me le permettre ? », avant de se diriger vers la caisse.

Règle n° 4 : j'évite les doublons

Avant de sortir acheter des vêtements, de la nourriture, des livres etc., faites la liste de ce que vous avez déjà. Une fois dans un magasin, la plupart d'entre nous entrent en transe et finissent par acheter des choses qu'elles ont déjà par milliers : chaussures, sacs à main, tee-shirts, baskets, voire parfois des articles achetés quelques mois plus tôt. Faites le tour de la maison pour dresser l'inventaire de vos possessions avant de sortir acheter quoi que ce soit.

Règle n° 5 : je sais que ce qui est bon marché n'est pas forcément une affaire

Attention ! ce n'est pas parce que l'on achète moins cher que l'on peut acheter tous les jours, ni acheter plus, ni acheter inutilement. Que ce soit à Intermarché ou chez Chanel, on dépense de l'argent – de l'argent durement gagné.

Acheter une tonne de choses bon marché finit par revenir aussi cher qu'un article de prix. Par conséquent, si vous en avez besoin, allez-y. Mais si vous en avez simplement envie (ou si vous brûlez de dépenser de l'argent par pur plaisir), remettez votre porte-monnaie dans votre sac et sortez du magasin *illico presto*.

Règle n° 6 : je ne confonds pas vie sociale et shopping

Le moyen le plus sûr d'exploser un budget shopping ou d'acheter des choses inutiles est d'aller faire des achats avec des amies. Le problème, c'est que vos amies vous connaissent mieux que personne et savent comment vous inciter à dépenser des sous. Vie sociale et shopping ne font pas bon ménage pour la paresseuse qui veut économiser. Aux virées shopping, préférez les déjeuners ou les dîners pour voir vos amies…

Règle n° 7 : je sais déjà ce que je vais faire de l'argent que j'aurai économisé

Garder vos sous dans votre poche ou à la banque au lieu de les dilapider est une excellente idée. Toutefois, si vous ne savez pas comment les utiliser intelligemment ni comment les placer (pour réaliser un rêve, rembourser des dettes, économiser, ou pour vous offrir des sorties), il est probable que vous retomberez dans vos anciens travers en dilapidant à nouveau votre argent, sans réfléchir. Il est donc essentiel de penser à l'usage que vous ferez de l'argent économisé. Notez-le noir sur blanc et faites-en l'utilisation prévue.

Règle n° 8 : je la joue stratège

Si le shopping est votre grande passion, il sera sans doute difficile d'y renoncer. Vous êtes fermement déterminée à y consacrer une partie de votre budget ?

Dans ce cas, soyez stratège. Avant d'acheter quoi que ce soit, posez-vous les questions suivantes : est-ce que je vais m'en servir ? Et est-ce que cette dépense en vaut la peine ? Même si vous adorez la merveille qui est là, sous vos yeux, et que vous pensez qu'il vous la faut coûte que coûte, réfléchissez bien à ces deux questions. Car si cette dépense n'en vaut pas la peine et si vous n'allez pas faire grand usage de cette nouvelle acquisition, il serait préférable d'utiliser vos deniers autrement. Pour vous aider à résister à l'impulsion d'achat, pensez à tout ce qui coûte autant que cette nouvelle acquisition : des séances de remise en forme avec un coach personnel, une sortie au restaurant, un dîner cuisiné à la maison pour quelques amis. Ensuite, décidez si cela en vaut la peine ou pas.

Règle n° 9 : j'apprends à marchander

Certes, le marchandage sous-entend que vous n'êtes pas aussi riche que vous aimeriez le faire croire, et peut-être même que vous vivez au-dessus de vos moyens, ce qui peut être gênant. Cela dit, c'est un excellent moyen de faire des achats – et des économies. De plus, lorsqu'on maîtrise cet art sur le bout des doigts, la démarche n'a rien de mortifiant. Voici le mode d'emploi pour marchander dignement :

- Ne laissez pas la réponse de votre interlocuteur éveiller un sentiment de honte en vous. Si vous marchandez, c'est pour économiser de l'argent, pas pour le rouler ni l'escroquer. Votre interlocuteur a le choix, il n'est pas obligé d'accepter votre proposition ;
- Commencez par faire des recherches sur Internet afin de connaître les prix qui se pratiquent et les meilleures adresses. Ensuite, allez

dans un magasin, dites que vous avez vu cet article moins cher sur Internet (preuve à l'appui) et demandez au commerçant s'il serait prêt à s'aligner sur ce prix ;

- Choisissez bien les articles, dont vous allez marchander le prix, et les magasins. Il est peu probable qu'on vous consente une remise sur une paire de chaussettes dans un magasin prestigieux. En revanche, dans un petit commerce ou sur un stand de marché, vous pourrez négocier le prix d'un article relativement coûteux ;
- Demandez une remise sur des articles chers ou endommagés. (Attention ! on n'abîme pas l'article soi-même pour obtenir une ristourne ! L'idée, c'est d'économiser de l'argent, pas de risquer une arrestation.)
- Soyez amicale (jamais agressive) en marchandant. Soyez, vous aussi, prête à négocier – après tout, l'objectif du marchandage est de faire baisser le prix, pas d'escroquer les gens ;
- Efforcez-vous de glisser dans la conversation une bonne raison de baisser le prix : vous allez revenir, prendre un autre article ou parler de ce magasin à tous vos amis ;
- Si le commerçant refuse de marchander, prenez-le avec le sourire. La marchandise lui appartient et rien ne l'oblige à vous faire un prix.

Règle n° 10 : je suis prête à acheter moins haut de gamme

Soyez disposée à rendre votre expérience shopping moins luxueuse. Oui, les boutiques élégantes, tendance et glamour sont formidables, et y flâner est extraordinaire. Mais les prix sont forcément plus élevés (comment les commerçants font-ils pour payer tout ce décorum, à votre avis ?). Certes, vous avez peut-être le sentiment de marcher sur un petit nuage en vous promenant dans la rue avec un sac orné de la marque X ou Y, mais il faudrait être idiote pour ne pas aller ailleurs si vous trouvez le même article 20 % moins cher. Si cela vous chagrine vraiment de ne pas rentrer chez vous avec un sac siglé, eh bien… transférez vos achats dans un sac plus glamour en sortant du magasin !

Achetez futé, même au supermarché

Les courses au supermarché font partie de la rubrique « shopping » de cet ouvrage, et non de la rubrique « alimentation ». En effet, les grandes surfaces sont devenues de véritables petits centres commerciaux où l'on trouve de tout, du maquillage aux vêtements en passant par les livres, les jeux et bien sûr l'alimentation.

Ce qui veut dire que pour beaucoup d'entre nous, le supermarché est l'endroit idéal pour faire du shopping larvé et pour s'offrir quantité de petits plaisirs sans avoir le sentiment de dépenser des sous.

Par conséquent, réfléchissez bien à ce que vous achetez lorsque vous partez prétendument remplir votre réfrigérateur. Les vêtements, les sous-vêtements et les livres négligemment jetés dans votre chariot de supermarché en faisant le plein de la semaine comptent aussi (même s'ils sont bon marché), tout comme les achats impulsion de produits alimentaires haut de gamme et les petits extras (huile pour le bain, lotion pour le corps et rouge à lèvres). Souvenez-vous que si quantité d'articles relevant de l'achat impulsion (magazines, maquillage et articles de beauté) sont placés près des caisses, c'est parce que les commerçants veulent nous inciter à « craquer » pendant le temps d'attente. Soyez donc futée et tenez-vous aux « règles de bonne conduite » : on fait une liste, on s'y tient et on ne dépasse pas le budget.

Par ailleurs, sachez que même si dans la plupart des pays quatre ou cinq enseignes de supermarchés se partagent le marché, les prix pratiqués ne sont pas rigoureusement les mêmes. Cela concerne aussi bien les articles haut de gamme que les produits premier prix. Pour réaliser des économies, il faut comparer plusieurs enseignes, acheter avec discernement, bien cerner ses préférences personnelles et réfléchir aux changements envisageables.

Bon marché ou cher ?

Oui, il y a bien une différence entre les produits chers et les produits bon marché, différence qui ne se résume pas au packaging. Les ingrédients des produits chers sont généralement de qualité supérieure, ce qui les rend meilleurs ou plus efficaces. Généralement, mais pas toujours. Ainsi, si vous n'avez pas des papilles gustatives dignes d'un critique du guide Michelin, une solution efficace consiste à acheter un produit bon marché et un produit cher, pour vous faire votre propre opinion.

Pour l'alimentation, comparez les saveurs et voyez s'il y a vraiment une différence. Et pour les produits d'entretien, le papier hygiénique et les articles de toilette, il faudrait être idiote pour ne pas opter pour les produits les moins chers, en l'absence de réelle différence.

Les marques

Vous êtes accro aux marques ? Vous êtes totalement sous l'emprise des publicités qui vous assènent que vous deviendrez tel ou tel type de personne en utilisant un déodorant donné, ou que vous avez atteint un certain statut social parce que vous buvez telle boisson gazeuse plutôt qu'une autre ? Si la réponse est oui, sachez que vous n'êtes pas la seule. D'une certaine manière, nous sommes toutes accros aux marques. C'est dire si cela vaut la peine d'observer d'un œil critique le contenu de son Caddie pour se demander si on achète ces produits parce qu'on les aime réellement ou parce qu'on a été hypnotisée par la publicité.

Les produits premier prix

Avant la crise, les gens se détournaient souvent des produits premier prix et des marques de distributeurs, jugeant ces articles indignes d'eux, comme si acheter bon marché était dévalorisant. Fort heureusement, nous sommes nombreux à avoir changé d'avis et compris que les gammes les plus simples sont amplement suffisantes. Si vous souhaitez économiser de l'argent au supermarché afin de faire une utilisation plus intelligente de vos sous, vous serez bien avisée d'essayer les gammes bon marché pour tous les produits basiques, voire pour les autres.

Toutefois, si vous préféreriez mourir plutôt que d'être aperçue dans les allées « promotions » d'un supermarché, chez un hard-discounter ou sur un marché, revoyez vos positions. Non, vous n'aurez pas l'air plus riche ni plus classe en déambulant au rayon « bio » d'une épicerie de luxe.

Alors, à moins d'être accro au papier toilette bio, ultra-molletonné et frappé de vos initiales, prenez une bonne initiative et diversifiez les endroits où vous faites vos courses.

Voici donc quelques pistes.

Le hard-discount

Il y a ne serait-ce que dix ans, aucune ménagère tenant à son standing n'aurait admis mettre les pieds chez un hard-discounter. Aujourd'hui, toutes celles qui en veulent plus pour leur argent n'hésitent plus à fréquenter ces grandes surfaces *« low-cost »*, qui ne vendent pas de produits de marque, mais uniquement leurs propres gammes, bon marché. Le rapport qualité-prix est souvent étonnamment bon, ce qui en fait une adresse idéale pour les paresseuses.

La philosophie de ces enseignes qui vendent à des prix défiant toute concurrence, directement sur les palettes, ressemble un peu à celle des compagnies aériennes *low-cost* : moins de personnel, pas de décors élégants ni de produits tendance, mais une sélection d'articles basiques. D'accord, en allant faire vos courses là-bas, vous n'aurez pas le sentiment de vivre l'existence ultra-glamour d'une célébrité (qui de toute façon ne va sans doute pas faire ses courses elle-même). Il n'empêche que vous pourrez économiser 20 % du prix de la facture.

Une solution pour bien choisir votre grande surface consiste à aller faire vos courses dans différents supermarchés et à calculer le prix d'un même repas dans chaque enseigne. Faites de même pour les produits d'entretien et le papier hygiénique. Si vous êtes vraiment trop paresseuse pour aller sur le terrain, utilisez un comparateur de prix sur Internet, qui fera le travail à votre place.

LE SAVIEZ-VOUS ?

Plus de la moitié des personnes interrogées considèrent que le supermarché où elles font leurs courses est représentatif de leur position sur l'échelle sociale.

Une personne sur huit pense que la fréquentation de certaines enseignes permet de paraître plus riche.

Une personne sur dix reconnaît éprouver de la gêne en étant aperçue dans un supermarché jouissant d'une image bas de gamme.

Les marchés et les petits producteurs locaux

Les marchés hebdomadaires et les producteurs locaux pourront rendre de précieux services à toutes les paresseuses désireuses de réaliser des économies. Ces filières sont souvent très bon marché car elles proposent des produits de saison et locaux (qui n'ont donc pas parcouru des centaines de kilomètres pour arriver dans nos assiettes, ce qui coûte moins cher). Les boucheries, primeurs, boulangeries et poissonneries permettent

aussi de faire des affaires. De plus, chez les petits commerçants, on échappe à la tentation d'acheter mille et une autres choses supplémentaires, qui alourdissent souvent la facture au supermarché.
Enfin, regardez et comparez les prix… et la qualité !

Le nouveau mot d'ordre ? É-co-no-mi-sez !

Nous avons vu comment dépenser moins. Intéressons-nous maintenant aux solutions permettant de gagner de l'argent au passage. Économiser en faisant des courses, cela ne signifie pas simplement appliquer les techniques décrites ci-dessus. Cela signifie aussi gagner de l'argent tout en en dépensant (incroyable mais vrai !), donc en avoir plus pour son argent.

Le cash back

Les sites de cash back vous remboursent une partie du montant des achats effectués auprès de leurs partenaires. On y trouve une liste de marques et de distributeurs avec lesquels le site a un accord. Ainsi, lorsque vous accédez au site marchand par l'intermédiaire du site de cash back, celui-ci perçoit une commission, qu'il partage avec vous. Dans certains cas, on peut toucher de l'argent – uniquement en s'inscrivant sur ces sites –, ou bien cumuler des points, à utiliser auprès de vos enseignes favorites.
Pour que le système soit intéressant, il faut bien évidemment éviter de dépenser des sous uniquement pour gagner des points ou de faire des achats sur les conseils d'un internaute. Il pourrait s'agir du commerçant lui-même (c'est peu probable, mais ça s'est déjà vu !). Par conséquent, renseignez-vous avant d'acheter. De plus, ce n'est pas parce qu'un site vous donne de l'argent qu'il propose forcément les prix les moins chers ;

obtenir 10 % de remise sur une console de jeu vendue plus cher que dans la grande distribution, ce n'est pas ce que l'on appelle une affaire.
La plupart de ces sites (comme beaucoup de magasins et de sites marchands) offrent également des cadeaux aux clients qui parrainent des amis.

Les comparateurs de prix

Les comparateurs de prix sont des sites Internet qui permettent, comme leur nom l'indique, de comparer les prix d'un produit donné dans différentes enseignes. Le site gagne de l'argent en se faisant rémunérer par les supermarchés lorsque l'internaute clique sur le lien du commerce pour y faire ses courses. C'est un bon moyen de choisir sans être influencé par la publicité. Pour les paresseuses, c'est la solution idéale pour faire jouer la concurrence sans se déplacer. Attention, toutefois : les comparateurs de prix n'indiquent pas toujours clairement qui gère le site et ils ne prétendent pas offrir un service objectif. Pour réaliser des économies importantes, cela vaut la peine d'utiliser plusieurs comparateurs différents.
Il faut également faire attention à la présentation des résultats : aux prix s'ajoutent les frais de livraison, qui varient d'une enseigne à l'autre. De plus, si l'article bon marché n'est pas disponible, il est tentant de commander l'article présenté à côté, au lieu d'attendre le réapprovisionnement. Mon conseil : comparez les comparateurs ! Dites-vous que c'est du lèche-vitrine virtuel, sans se fatiguer.

Les cartes de fidélité

Les cartes de fidélité sont avant tout un outil marketing pour faire revenir les clients dans la même enseigne. Elles fonctionnent selon le principe suivant : à chaque paiement, vous gagnez des points qui permettent d'obtenir des cadeaux. Les détenteurs de ces cartes reçoivent également des bons de réduction et des offres promotionnelles, et bénéficient de tarifs préférentiels, par exemple sur les abonnements à des magazines ou les locations de voitures.

Ces cartes sont formidables si vous faites déjà partie des clients réguliers de ces magasins, que vous fréquentez toutes les semaines ou tous les mois. Elles existent aussi dans certaines chaînes (pour chaque café acheté, vous avez une vignette à coller sur une carte ; au bout de cinq, vous avez un café gratuit), chez les coiffeurs et dans les salons de beauté. C'est une bonne formule pour les utilisatrices régulières de ces services ou pour les clientes fidèles.

En revanche, ces cartes ne présentent aucun intérêt si vous achetez uniquement pour collecter des points, ou si vous vous focalisez sur votre collection au point d'en oublier l'achat. Sachez aussi qu'il s'agit pour les magasins d'un outil permettant de définir votre profil de consommatrice, afin de mieux vous inonder de bons de réduction et de promotions. Encore une fois, c'est parfait si vous avez besoin de ces produits ; c'est nettement moins intéressant si vous les achetez uniquement pour bénéficier des promotions.

Les sites de bons de réduction

Peut-être avez-vous déjà reçu par e-mail un bon de réduction pour un site marchand, suite à un achat. Sachez qu'il existe aussi différents sites Internet permettant de recevoir des bons de réduction, des codes promotionnels et autres merveilles, à utiliser pour vos achats en ligne et dans la grande distribution. Vous pouvez soit imprimer le bon de réduction, que vous remettrez à la caisse du supermarché au moment de payer, soit saisir le code promotionnel au moment de payer vos achats en ligne. Ces bons peuvent faire économiser une fortune si vous faites un achat important ou des courses de Noël. Mais comme toujours, faites attention à ne pas faire des acquisitions dont vous n'avez pas besoin !

La fidélité bancaire récompensée

Pour les *shopping addicts* comme vous, certaines banques proposent des programmes de fidélité permettant de capitaliser des points à chaque fois que vous utilisez votre carte bancaire (ou que vous parrainez un ami), points qui sont ensuite convertis en cadeaux que vous choisissez parmi une large sélection. Bien sûr, la tentation est grande de dépenser plus, et inutilement, pour gagner plus de points et recevoir une quantité de cadeaux. Alors attention ! comme pour toutes les cartes de fidélité, le but n'est pas de collecter des points. N'utilisez votre carte bancaire que si vous en avez réellement besoin et allez ensuite faire votre shopping « gratuit » – et accessoire – dans la sélection de produits proposés par votre banque.

20 BONS PLANS POUR DEVENIR UNE PRO DES ÉCONOMIES

1. Ne vous faites pas piéger par les soldes

Dites-vous bien qu'acheter un article dont on n'a absolument pas besoin ou qu'on n'avait pas l'intention d'acheter au départ ne s'appelle pas faire une affaire. Pour les accros du shopping qui s'efforcent de décrocher, la période des soldes est une saison à haut risque. Bien évidemment, les soldes permettent de faire des affaires quand on cherche un article bien précis. En revanche, partir faire du lèche-vitrine sans but précis est périlleux.

2. Limitez-vous à une journée shopping par mois

Cela vous donnera un objectif, une bonne raison d'économiser et une vision claire de ce que vous dépensez (et de ce que vous avez économisé).

3. Conservez vos tickets de caisse

Ils vous permettront de comprendre vos habitudes de consommation et de voir où passe votre argent. Gardez-les, épluchez-les et notez systématiquement vos dépenses.

4. Économisez au lieu de dépenser

À chaque fois que vous êtes à deux doigts de craquer pour une robe, un jean ou un sac à main, prenez l'argent que vous alliez dépenser pour cet article et économisez-le (en le mettant dans votre tirelire, sous votre matelas ou sur un compte en banque). En fin de mois, faites le total de vos économies et servez-vous-en pour rembourser vos dettes.

5. Donnez votre adresse e-mail pour recevoir des alertes

Tous vos magasins préférés (supermarchés, parfumeries ou magasins de vêtements) vous feront connaître leurs promotions. Cette formule est intéressante, à condition de garder à l'esprit la règle d'or suivante : « Si je n'en ai pas besoin, ce n'est pas une affaire ». Si le bouton « Suppr » existe sur le clavier de votre ordinateur, c'est pour une bonne raison.

6. Inscrivez-vous sur un forum de discussion

Des centaines de forums consacrés à l'argent prodiguent d'excellents conseils adaptés à votre mode de vie, pour économiser et épargner. Consultez-les pour découvrir comment faire des économies et dépenser intelligemment.

7. Évitez de mettre les pieds dans les centres commerciaux

Le lèche-vitrine est un précurseur de l'achat. Par conséquent, en flânant dans un centre commercial, on se soumet forcément à la tentation. C'est un peu comme se promener dans une épicerie fine quand on est au régime...

8. Posez-vous systématiquement la question suivante : « Est-ce que j'en ai besoin ? »

N'hésitez pas à vous parler quand vous faites des achats (préférez toutefois le mode « dialogue intérieur » au mode « plein volume » !). Cela aura un impact de taille sur votre situation financière. Pour commencer, interrogez-vous sur l'intérêt d'un article donné avant de céder à l'impulsion d'achat. Cela vous permettra d'acheter plus intelligemment et de réaliser des économies.

9. Ne craquez pas pour les promotions du type : « pour deux articles achetés, le troisième est gratuit »

Ces promotions sont intéressantes pour les produits consommés en quantités industrielles, pas pour ceux que vous n'utilisez que rarement, voire pas du tout. Rappelez-vous : ce n'est pas une affaire si vous n'en avez pas besoin !

10. Faites-vous passer l'envie d'acheter

Vous vous apprêtez à dépenser une fortune pour un jean ou un coussin dans une boutique de déco ? Avant de craquer, calculez précisément le nombre d'heures pendant lesquelles vous avez travaillé pour gagner cette somme. Alors, est-ce que cela en vaut toujours la peine ?

11. Avant de dépenser de l'argent, commencez par en gagner

Vous avez l'intime conviction qu'il vous faut absolument une nouvelle paire de chaussures/un tableau/un autre objet ? Dans ce cas, vendez quelque chose avant de vous offrir l'objet de votre convoitise. Mettez vos escarpins en vente sur eBay, proposez des accessoires de cuisine à des prix défiant toute concurrence à vos amies, faites du baby-sitting – l'idée étant de booster vos finances avant de dépenser des sous.

12. Ne vous approchez pas de votre ordinateur

Rien ne pousse davantage à faire des folies que le shopping sur Internet. En effet, les sites de vente sont conçus pour vous faire remplir votre panier rapidement, puis passer par la caisse en quatrième vitesse, sans vous laisser le temps de réfléchir. Comme dans un magasin traditionnel, accordez-vous un temps de réflexion avant de cliquer pour valider votre achat.

13. Ignorez les publicités par e-mail

On vous proposera des livraisons gratuites, des promotions et d'autres avantages. Laissez votre adresse e-mail dans un magasin ou achetez sur Internet, et vous recevrez, pour sûr, des sollicitations pour de nouveaux achats, sur la base de ce que vous avez déjà commandé. De nos jours, les commerçants ciblent vos préférences puis se démènent pour vous faire acheter davantage. Ne vous laissez pas tenter : ces offres poussent à faire des achats inconsidérés.

14. Faites une liste des articles qui vous font envie

À chaque fois que vous avez envie de quelque chose, notez-le sur votre liste. Une fois par mois, faites-vous plaisir (raisonnablement, s'entend !) en vous offrant un article figurant sur la liste. Pour les articles plus conséquents, procédez de même, une fois tous les trois mois. Ça évite de craquer sur-le-champ et permet de décider si on veut réellement ce quelque chose.

15. Compliquez-vous le paiement

Dans les magasins, optez pour la file d'attente la plus longue : ainsi, vous aurez le temps de décider si vous voulez réellement de l'article dans votre panier – en plus, avec un peu de chance, l'attente vous rendra dingue et vous fera passer l'envie d'acheter ! De la même manière, sur Internet, ne mémorisez pas les informations sur votre carte ni vos coordonnées ; en étant contrainte de saisir votre numéro de carte et votre adresse à chaque achat, vous aurez plus de chances de changer d'avis.

16. Renoncez à une mauvaise habitude

Nous sommes nombreuses à avoir une mauvaise habitude qui finit par coûter une véritable fortune (faites donc le calcul sur une année, pour voir). Alcool, cigarettes, fast-food, repas cuisiné ou chocolat, il y a sans doute une mauvaise habitude que vous avez envie de réduire ou d'arrêter totalement. Alors décidez-vous. Ça sera tout bénéf' pour votre santé et vos finances.

17. Convertissez-vous à la décroissance

L'idéologie de la décroissance repose en grande partie sur l'idée de réduire notre consommation, de limiter ce que nous jetons et de réutiliser ce que nous possédons déjà avant de racheter quoi que ce soit. Cela permet de réaliser des économies considérables, tout en faisant du bien à la planète !

18. Mettez la pédale douce sur les cadeaux

Couvrir votre entourage de cadeaux vous donne peut-être l'impression de montrer que vous êtes à l'aise financièrement, alors qu'en fait, vous vous endettez et vous accroissez les attentes de vos amis et de votre famille.

19. Payez systématiquement en espèces

Le paiement en liquide est le meilleur moyen de savoir où passent vos sous. De plus, en déboursant physiquement de l'argent en caisse, vous prenez conscience de la dépense (contrairement aux cartes bancaires, où la transaction est totalement dématérialisée).

20. Demandez à un proche de faire des économies pour vous

Vous êtes votre pire ennemie ? Vous ne pouvez pas compter sur vous pour épargner ? Dans ce cas, pourquoi ne pas demander à un ami ou à un membre de votre famille, à qui vous faites une confiance aveugle, de gérer votre épargne et de ne rien vous donner pendant une période donnée (au moins deux mois), quels que soient vos cris et vos supplications ? La présence d'un témoin se révèle parfois d'une grande utilité…

chapitre 3

Comment ne pas faire rimer vie sociale avec austérité

Et si vous faisiez les bons choix ?

Entendons-nous bien : le livre que vous tenez entre les mains n'est pas un hymne à l'austérité ! Toutefois, il faut bien comprendre qu'entre fréquenter des bars à champagne tous les soirs avec des amis et passer ses soirées chez soi à s'ennuyer ferme, toute seule, en mangeant du cassoulet froid, il y a un juste milieu. Pour faire des économies ou vivre mieux avec votre argent, il va falloir revoir vos attentes quant à votre vie sociale. Vous pourrez continuer à accomplir vos activités préférées, comme sortir, bien manger et vous amuser, mais il faudra aussi regarder de plus près ce que vous dépensez lors de ces sorties.

On oublie souvent que la vie sociale ne commence pas le samedi soir, elle recouvre toutes les activités effectuées en dehors du temps de travail et de sommeil, comme par exemple :

- téléphoner depuis son portable (perso) ;
- manger à l'extérieur (qu'il s'agisse d'un sandwich au café avec des amis ou d'un repas avec entrée-plat-dessert au restaurant) ;
- prendre le taxi ;
- aller à la salle de gym ;
- fréquenter boîtes de nuit, bars et pubs ;
- aller au cinéma et louer des DVD ;
- se retrouver chez des amis ;
- aller au café avec des copains ;
- acheter des repas à emporter ;
- jouer à des jeux sur ordinateur et sur console.

Bien sûr, cette liste est loin d'être exhaustive, l'idée étant simplement de montrer que tout ce qu'on achète, mange, commande ou utilise durant ses loisirs compte, qu'il s'agisse d'un café pris en terrasse en allant chez une amie ou d'un taxi qui nous ramène à la maison, parce que marcher dans le

froid, c'est vraiment trop demander… La vérité, c'est que toutes, nous sous-estimons le montant dépensé pour des postes non essentiels. Essayez donc de calculer ce que vous coûte une année de sorties, repas pris à l'extérieur, boissons et téléphone portable. Ensuite, convertissez ce montant en bouteilles d'alcool, en paires de chaussures ou en repas à emporter (bref, en ce qui vous chante) et voyez le résultat. Alors, vous êtes atterrée ?
Pour continuer à vivre votre vie actuelle, c'est-à-dire avoir la vie sociale dont vous avez envie, il va falloir identifier ce qui est au-dessus de vos moyens et les choses auxquelles vous n'êtes pas prête à renoncer. Bien évidemment, vous seule pourrez déterminer ce dernier point. Toutefois, soyez raisonnable : il y a une différence considérable entre avoir envie de faire quelque chose et ne pas pouvoir s'en passer. Personne n'est obligé de dîner au restaurant cinq soirs par semaine, d'avoir deux téléphones portables ou de passer ses week-ends à siroter des cocktails dans les bars. Ce sont des choix de vie. Soyons claires : personne ne vous interdit de sortir ou de vous amuser. Il s'agit simplement de trouver un mode de fonctionnement qui ne vous conduira pas à vous endetter et à ne plus pouvoir sortir pendant les cinq années à venir.

Votre alimentation

Si vous avez envie de faire des économies substantielles, commencez par regarder de plus près vos factures alimentaires, à savoir tout ce que vous dépensez en déjeuners, en-cas et cafés, au supermarché, en dîners au restaurant et même en sorties chez des amis qui vous invitent à dîner. Certes, l'être humain a besoin de manger pour vivre. Toutefois, ce qu'il mange et les lieux qu'il fréquente ont une incidence de taille sur son budget. Ce chapitre ne sera sans doute pas au goût des fins gourmets qui adorent les restaurants hors de prix et des paresseuses qui se nourrissent exclusivement de viande de bœuf élevé à la main et d'œufs de cane bio. Cela dit, réduire sa facture alimentaire ne signifie pas forcément mal manger et revoir ses goûts à la baisse. Il s'agit plutôt de faire des économies, de réduire les dépenses inutiles et de réaliser combien vous dépensez réellement en vivant selon le principe du « je-veux-tout-tout-de-suite ».

LE SAVIEZ-VOUS ?

Des statistiques ont démontré qu'en moyenne, 40 % du total de nos dépenses liées à l'alimentation concernent des repas pris hors de la maison.

Sortir pour manger

« J'adore aller au restaurant. Pour moi, c'est un vrai plaisir – je suis un gourmet, j'adore découvrir des cuisines différentes et des bonnes tables. En comparaison, manger à la maison semble si ennuyeux... »

Lisa, 30 ans

Passez devant un restaurant, un soir de semaine : il est fort probable qu'il sera plein à craquer. Certes, il est agréable de dîner à l'extérieur une fois de temps en temps, mais si pour vous, un dîner « normal », c'est un dîner au restaurant, alors il va falloir modifier vos habitudes. Manger à l'extérieur n'est pas bon marché (contrairement à ce que croient certaines paresseuses). C'est une solution de facilité, mais c'est aussi une solution très onéreuse, même si on fréquente les fast-foods. La bonne nouvelle, c'est qu'il existe des solutions permettant de réduire son budget restaurant, la plus évidente étant de réserver ces sorties aux grandes occasions. Voici d'autres pistes.

• Sur la carte, choisissez des plats de saison ou les spécialités du restaurant

Les plats de saison sont toujours moins chers que les autres. De la même manière, ne commandez pas de poisson dans un restaurant spécialisé dans la viande : cela vous coûterait une fortune.

• Mangez comme vous le feriez à la maison

Avez-vous vraiment besoin d'une entrée, d'un plat, d'un dessert, de vin et d'un café ? Un plat et une boisson pourraient faire l'affaire, non ?

• Choisissez soigneusement votre restaurant

Soyez attentive aux menus spéciaux proposés pour certaines occasions et le week-end, aux plats du jour et aux formules déjeuner. On peut réaliser des économies substantielles en choisissant des formules intéressantes.

• Partagez un plat

D'accord, vous aurez peut-être l'impression de passer pour une radine. Il n'empêche qu'en partageant un plat avec quelqu'un, vous réduirez le montant de l'addition. Vous pouvez aussi commander à deux une portion de légumes en accompagnement, un dessert ou une très grande pizza. Au restaurant, nous sommes nombreuses à ne pas terminer notre assiette. En partageant, on économise de l'argent tout en réduisant les quantités de nourriture qui finissent à la poubelle.

• Vérifiez si les choses à grignoter posées sur la table sont gratuites

Avant de faire main basse sur les olives et autres merveilles posées sur la table, assurez-vous qu'elles sont bien offertes par la maison.

• Surveillez votre consommation d'alcool

C'est sur les boissons alcoolisées que les restaurants gagnent le plus d'argent, en pratiquant des marges élevées. Alors prenez l'apéritif avant d'aller dîner ou allez boire un verre après.

• Optez pour les buffets

Vous pourrez manger autant que vous le souhaitez et suffisamment pour ne plus avoir besoin de cuisiner pendant deux jours.

• Emportez vos restes à la maison

Faire emballer ses restes « pour son chien » est une pratique communément admise dans certains pays, elle l'est beaucoup moins dans d'autres. N'ayez pas honte de demander (sauf si vous vivez dans un pays où cela peut comporter un risque sanitaire ; dans ce cas, les restaurateurs refusent, craignant d'être poursuivis par leurs clients en cas d'intoxication alimentaire). Vous avez payé ce repas. Vous avez donc parfaitement le droit de demander à emporter vos restes si le cœur vous en dit. Non seulement vous vous régalerez le lendemain, mais vous ferez aussi l'économie d'un déjeuner.

• Préférez les chaînes

Si vous allez régulièrement au restaurant, optez pour des établissements de chaîne : les prix sont plus bas, ils proposent souvent des menus incluant les boissons, ils ont l'habitude de recevoir de grandes tablées et ils proposent des prix intéressants en dehors des heures d'affluence.

• Mangez au bar

Une autre astuce intéressante pour réduire le coût de l'addition consiste à manger au bar. La carte n'y est pas aussi étoffée qu'en salle, mais vous pourrez commander les plats les plus appréciés du restaurant.

• Faites l'impasse sur le dessert

Les desserts sont une véritable manne pour les restaurateurs (pensez un peu au prix qu'ils font payer quelques boules de glace). Sautez le dessert et offrez-vous plutôt une sucrerie sur le chemin du retour.

• Allez dans des restaurants qui viennent d'ouvrir

Ces établissements, en quête de nouveaux clients, proposent souvent des promotions et des menus spéciaux.

Préparez vous-même votre déjeuner (et prenez votre petit déjeuner à la maison)

Il fut un temps, pas si lointain, où l'idée de prendre tous ses repas ailleurs qu'à la maison paraissait totalement incongrue. De nos jours, c'est devenu monnaie courante.

À l'heure du déjeuner, les quartiers d'affaires regorgent de gens sortant s'acheter un sandwich, des sushis, une soupe ou un repas fast-food, une tendance qui gagne aussi les petits déjeuners. Viennoiseries achetées sur le chemin du bureau, cappuccino pris en passant ou vrai petit déjeuner au café, ces habitudes coûtent une véritable fortune. La solution est très simple : on se réveille 20 minutes plus tôt le matin et on petit-déjeune chez soi, ou alors on emporte son petit déjeuner pour le manger au bureau. Pour déterminer le montant des économies réalisées ainsi, calculez le prix de votre petit déjeuner actuel par jour, multipliez ce montant par cinq pour obtenir le budget hebdomadaire, puis multipliez le total par 52 pour avoir une idée de la somme annuelle (faites de même pour le déjeuner... consternation assurée quand vous découvrirez le montant annuel !).

« En emportant un déjeuner maison au bureau pendant un an, j'ai réussi à rembourser mes dettes et à perdre 4,5 kilos. »

Ellie, 28 ans

Pour le déjeuner, vous aurez peut-être un peu plus de mal, surtout si vous sortez avec des collègues ou si c'est votre seul petit plaisir de la journée. Toutefois, emporter son repas au bureau permet d'économiser beaucoup d'argent, qui sera disponible pour votre vie sociale, la vraie, après le travail. Voici quelques bons arguments plaidant en faveur du déjeuner emporté au bureau.

• C'est plus sain

Préparer soi-même son repas permet de choisir des produits sains et d'avoir la certitude qu'ils ont été cuisinés sainement. Une excellente formule pour les paresseuses qui n'aiment pas aller à la salle de gym et qui veulent perdre du poids tout en faisant des économies.

• C'est plus économique

Comparez le prix d'un sandwich tout prêt au prix d'un morceau de pain et de la garniture. Le prix d'un sandwich permet souvent d'acheter des ingrédients pour toute la semaine. Conclusion : on prépare ses sandwichs soi-même !

• C'est plus rapide

Pensez au temps que vous aurez pour profiter de votre pause déjeuner quand il ne faudra plus sortir acheter à manger. Un moment de calme, sans corvée de file d'attente, vous aidera aussi à aborder la deuxième partie de la journée avec plus d'enthousiasme et d'énergie.

Réfléchissez à ce que vous achetez généralement à midi, puis préparez-en votre version maison – que ce soit une salade, un plat chaud ou simplement un sandwich. S'il n'y a pas de réfrigérateur sur votre lieu de travail, choisissez des aliments n'ayant pas besoin d'être conservés au frais. Pourquoi ne pas emporter une soupe en boîte et un bol qui va au micro-ondes ? Préparez votre déjeuner la veille, en cuisinant le dîner. Mieux encore, surgelez vos déjeuners en début de semaine, dans des récipients en plastique, et décongelez-en un par jour, la veille au soir.
Un dernier conseil : pensez aussi à emporter une boisson et un en-cas. C'est un réflexe utile pour faire des économies et éviter des dépenses superflues.

Dînez chez vous

Bien. Vous avez décidé de faire des économies et de dîner à la maison tous les soirs. Le problème, c'est que vous n'économisez rien du tout. Là, il peut y avoir deux explications : 1) vos compétences culinaires et 2) les produits que vous achetez.

Ne pas savoir cuisiner coûte cher. Car même en dînant à la maison, il y a fort à parier que vous achèterez des plats cuisinés, des aliments prêts à cuisiner et des légumes lavés et préparés. La solution ? Apprendre à cuisiner !

LE SAVIEZ-VOUS ?

En Grande-Bretagne, les ventes des boulangeries sont en hausse de 57 % car les consommateurs se tournent vers des produits simples.

Cuisiner n'est pas difficile. Pourtant, il suffit d'acheter un livre très simple et de maîtriser quatre recettes pour être sortie d'affaire. Rappelez-vous : l'idée n'est pas de devenir un chef étoilé ni de savoir mitonner un dîner pour 12 personnes. Il s'agit de préparer des repas suffisamment savoureux pour vous donner envie de manger à la maison.

METTEZ-VOUS AUX FOURNEAUX !

Pour bien manger et faire des économies :

- **Apprenez à cuisiner des recettes simples et rapides à préparer. Cela vous évitera de craquer pour un plat tout prêt. Les préparations de légumes sautés, de pâtes et de riz sont faciles à accommoder ;**
- **Achetez-vous quelques casseroles et des ustensiles – ça peut servir pour cuisiner !**
- **Demandez à trois ami(e)s de vous apprendre chacun(e) une recette.**

Vous savez cuisiner mais cela vous coûte une fortune

Le problème vient alors des produits achetés. Vous ne prenez que le meilleur et vous préféreriez mourir plutôt que de consommer des produits premier prix ? Dans ce cas, revoyez vos positions sur l'alimentation (voir chapitre 2). Certes, certains aliments sont meilleurs que d'autres, mais les plus chers ne sont pas forcément les meilleurs. Quelques pistes pour réduire votre facture alimentaire :

- Pour les produits de base, choisissez les premiers prix (la marque du beurre et de la farine ont-elles réellement de l'importance ?) ;

QUELQUES PRODUITS DE BASE À AVOIR DANS LA CUISINE (EN FONCTION DE VOTRE ALIMENTATION)

- **Dans le frigo : fromage et œufs.**
- **Dans les placards : pain, pâtes, riz, conserves de tomates, conserve de thon, sauce pour pâtes et lait U.H.T.**
- **Au congélateur : légumes, poulet et bâtonnets de poisson.**

- Préférez les produits de saison, toujours meilleur marché parce que disponibles en plus grandes quantités. Cela permet de manger bio, si on y tient, sans se ruiner ;
- Pensez aux promotions au lieu de prendre vos marques habituelles. Acheter des marques ne paie pas. Et si vous pensez que consommer une marque en dit long sur vous, désolée, mais vous êtes victime de la publicité !
- N'achetez pas de fruits et de légumes prêts à l'emploi, lavés et prédécoupés. Ils se conservent moins longtemps que les autres et ils sont plus chers ;
- Mangez vos restes.

LE SAVIEZ-VOUS ?

Selon la FAO (Organisation des Nations unies pour l'alimentation et l'agriculture) et l'IWMI (Institut international de gestion de l'eau), environ la moitié de la nourriture produite à l'échelle mondiale finit à la poubelle.

Ne gaspillez pas

Si vous avez été élevée par des parents baba cool, traditionnels ou économes, il est probable qu'ils ne jetaient jamais rien. Les restes étaient surgelés, placés au réfrigérateur dans un Tupperware pour être mangés le lendemain, compostés dans le jardin ou métamorphosés en repas à part entière le lendemain. Ces considérations vous donnent envie de lever les yeux au ciel ? Il n'empêche que savoir gérer ses restes est un excellent moyen de faire des économies. À en croire les statistiques, un tiers de la nourriture que nous achetons finit à la poubelle, alors qu'une grande partie aurait pu être mangée. Nous jetons parce que nous n'avons plus envie de tel ou tel aliment, parce que la date limite de consommation est passée ou parce que nous avons cuisiné des quantités trop importantes. Ce mode de fonctionnement coûte cher et il a aussi un impact considérable sur l'environnement. En effet, les organisations écologistes considèrent que si tous les êtres humains cessaient de jeter de la nourriture, les émissions de gaz à effet de serre réduiraient autant que si l'on retirait de la circulation une voiture sur cinq ! Alors, si vous ne le faites pas pour votre portefeuille, faites-le pour la planète !

PALMARÈS DES QUATRE ALIMENTS LES PLUS JETÉS

- **Fruits et légumes frais ;**
- **Viande et poisson ;**
- **Pain ;**
- **Produits laitiers.**

Êtes-vous du genre à remplir votre réfrigérateur à ras bord avant de jeter la moitié des choses quelques jours plus tard ? Si c'est le cas, vous pourriez économiser une fortune en agissant avec plus de discernement. Commençons par soulever le couvercle de votre poubelle pour examiner son contenu. Peut-être avez-vous décidé de manger cinq portions de fruits et de légumes par jour…

Seulement voilà, ce qui atterrit à la poubelle ne compte pas ! Vous ne mangez pas certains aliments ? Dans ce cas, la solution est simple : ne les achetez pas ! Les supermarchés (voir chapitre 2 pour en savoir davantage sur le sujet) aussi poussent à la consommation, avec des offres alléchantes qui paraissent intéressantes sur le coup. Cependant, si vos fruits pourrissent et si vos pommes de terre germent allègrement au fond de vos placards, mieux vaut reconnaître l'évidence : vous n'êtes pas du genre à manger vos cinq portions de fruits et légumes par jour.

Quelles quantités faut-il acheter ?

Ensuite, passez en revue la quantité des produits achetés. Jetez-vous souvent du lait et du pain ? Dans ce cas, il est fort probable que vous en achetez trop. Pensez aux solutions alternatives, comme le lait UHT, qui peut rester des mois et des mois dans les placards, tant qu'il n'est pas ouvert, et le lait en poudre (qui ne tourne jamais). Pour le pain, achetez de plus petites quantités : une demi-baguette, des biscottes, voire une miche entière que vous couperez en deux, pour en placer une moitié au congélateur.

Quelles quantités faut-il préparer ?

L'étape suivante consiste à changer votre approche de la cuisine. Si vous jetez régulièrement des aliments en fin de repas, le constat s'impose : vous voyez trop grand. Soyez plus réaliste. Par repas, une portion de viande ou de poisson doit faire la taille de la paume de votre main, une portion de légumes la taille de votre main entière, et le riz et les pâtes le contenu d'une petite tasse (soit environ une demi-tasse, avant cuisson). Rappelez-vous : s'il n'y en a pas assez, vous pourrez toujours en préparer davantage. Mieux vaut fonctionner ainsi plutôt que de jeter de la nourriture.

Si vous avez des restes, posez-vous les questions suivantes : est-ce que je peux les congeler ? Est-ce que je peux les manger le lendemain midi ou

soir ? Est-ce que je peux m'en servir pour cuisiner autre chose ? Pas besoin d'être Bocuse pour ajouter des restes de légumes à une omelette ou à une salade pour préparer un déjeuner, ou à un sandwich. La viande, le poisson, les pâtes et le riz se transforment très bien, eux aussi, pour donner de nouveaux plats.
On peut préparer une infinie diversité de plats à partir de restes. Pour cela, gardez-les au réfrigérateur (et pensez à les utiliser avant qu'ils soient périmés !).

Faites un état des lieux

Enfin, regardez le contenu de vos placards, du réfrigérateur et du congélateur avant d'aller faire vos courses. On a souvent l'impression qu'il n'y a plus rien à manger dans la cuisine, alors qu'en réalité, on pourrait préparer dix repas. Par conséquent, avant de foncer au supermarché, regardez dans votre bac à légumes, au fond du réfrigérateur et dans les placards, puis cherchez dans un livre de cuisine ce que vous pourriez accommoder avec ce que vous avez.

LE SAVIEZ-VOUS ?

Sachez décrypter les étiquettes des aliments.

- **« Date limite de consommation » : ne consommez jamais les aliments au-delà de cette date.**
- **« Date limite d'utilisation optimale » : après cette date, les aliments peuvent encore être consommés, mais leurs qualités ne sont plus garanties.**

Faites un menu pour la semaine

S'il y a bien une mesure à prendre, pour toutes celles qui sont déterminées à manger à la maison, c'est de faire un menu pour la semaine. Pour différentes raisons, c'est la meilleure garantie de réaliser des économies. Tout d'abord, en faisant ses courses avec son menu en main, on se tient au budget prévu (à condition, bien sûr, d'acheter uniquement les produits nécessaires à la préparation des menus !). Ensuite, on achète « utile » au lieu de ressortir du supermarché avec trois tonnes de produits qui ont l'air délicieux mais qui ne permettent pas la préparation d'un véritable repas. En ayant à la maison tout ce qu'il faut pour cuisiner des repas complets, vous éviterez ces achats ruineux, en rentrant du bureau, parce que vous mourez de faim. Enfin, le principe du menu permet de cuisiner un repas quand on a faim, au lieu de commander un plat à emporter par téléphone.

« En faisant mon menu pour la semaine, j'avais l'impression de voir ma mère… Jusqu'au moment où j'ai réalisé que ce n'était sans doute pas une si mauvaise chose, vu qu'elle n'a jamais été endettée de sa vie ! »

Suzanne, 29 ans

Le menu sert à économiser de l'argent, mais aussi à choisir ce que l'on va manger dans la semaine. Par conséquent, pas d'excuses du genre : « Mais je ne peux pas savoir à l'avance ce que j'aurai envie de manger lundi soir… » Si le menu comporte uniquement des plats que vous aimez, vous serez motivée pour rentrer à la maison le lundi soir, cuisiner votre repas et le déguster sans gaspiller de l'argent pour un repas à l'extérieur. Vous pourrez aussi vous motiver en préparant des repas originaux, par exemple avec des soirées thématiques : mardis pâtes, vendredis tex-mex, etc.

« Pour réaliser des économies, mes amies et moi avons lancé les "vendredis apéros" : un soir par semaine, nous préparons un assortiment de choses à grignoter que nous mangeons au dîner, au lieu d'un plat principal. Ça apporte un peu de variété et c'est devenu une institution vraiment sympa, où chacune essaie de surpasser les recettes des autres ! »

Laurie, 26 ans

Si vos compétences culinaires sont basiques, construisez votre menu autour de plats simples et faciles à préparer, comme des pommes de terre, des pâtes et du riz. Chaque jour, ajoutez des légumes et de la viande ou du poisson. Pas besoin d'être un cordon bleu pour savoir allumer un four et y glisser un plat à cuire pendant 40 minutes (conseil spécial paresseuses : lisez les étiquettes des aliments, la plupart d'entre elles expliquent comment les cuire et pendant combien de temps). Vous manquez d'inspiration pour l'élaboration du menu ? Pensez à ce que vous commandez généralement au restaurant et construisez votre menu autour de ces plats. (Souvenez-vous que l'idée n'est pas de reproduire une recette à l'identique, mais simplement de vous inspirer des mets que vous aimez : pâtes, poulet, etc.)

Pensez aussi à prévoir, dans votre menu, les déjeuners, les petits déjeuners, les en-cas et les repas du week-end. Plus le menu aura été bien pensé, plus vous aurez de chances de manger chez vous et mieux vous cuisinerez – sans parler des économies réalisées.

Le congélateur, meilleur ami de la paresseuse

L'idée de congeler des plats vous fait immanquablement penser à votre grand-mère ? Sachez que pour économiser de l'argent et éviter de gaspiller de la nourriture, le congélateur peut se révéler un allié précieux. Quasiment tous les aliments se congèlent, même le pain et le lait (en revanche, ce n'est pas le cas des conserves et des œufs). Les restes eux aussi se prêtent parfaitement à la congélation. Faites attention toutefois à ne jamais recongeler un produit décongelé – sauf bien sûr si vous cherchez à avoir une intoxication alimentaire ! Un autre avantage est que si vous êtes du genre à ne jamais savoir à quelle heure vous allez rentrer à la maison, un congélateur rempli de produits pouvant se cuisiner surgelés rendra de précieux services. En font partie les légumes, les produits à base de poisson, les saucisses, le pain et quantité de plats cuisinés.

Dernier point fort du congélateur : si vous avez fait vos courses pour la semaine et que plusieurs sorties sont organisées à l'improviste, il vous suffira de cuisiner le contenu du réfrigérateur et de congeler les plats, au lieu de tout jeter.
Et voici quelques autres conseils utiles.

Laissez refroidir les aliments avant de les congeler. En mettant des produits chauds au congélateur, on augmente la température à l'intérieur de l'appareil, ce qui risque de décongeler d'autres produits.

Un congélateur plein coûte moins cher qu'un congélateur à moitié vide. En effet, comme la circulation d'air froid est réduite, l'appareil consomme moins d'énergie. Remplissez-le de produits que vous utiliserez forcément un jour ou l'autre, comme du pain tranché ou des petits pois surgelés.

Fractionnez les aliments en portions. Si les plats sont présentés en portions de taille réaliste, vous pourrez en décongeler les quantités nécessaires, sans gaspiller.

Étiquetez vos plats. En l'absence de marquage, vous ne vous souviendrez pas du contenu des plats. Allez identifier un bloc surgelé… Achetez des étiquettes à coller sur les sacs congélation, et n'oubliez pas de préciser la date et la nature du plat.

Le fromage râpé se conserve jusqu'à quatre mois au congélateur. De plus, il peut s'utiliser congelé.

La plupart des pains se gardent bien jusqu'à trois mois. Le pain tranché peut se griller congelé.

Le lait se conserve un mois au congélateur. Décongelez-le au réfrigérateur et secouez-le bien avant de le consommer.

Faites pousser vous-même vos légumes

Les périodes extrêmes appellent des mesures extrêmes ! Si vous avez envie de rester en bonne santé sans vous ruiner, faites pousser vos propres légumes – à la guerre comme à la guerre ! Toutefois, si pour vous le concept de main verte évoque davantage du vernis à ongles vert *trendy* que le jardinage, l'aménagement d'un minipotager vous semblera peut-être au-dessus de vos forces.

Sachez que c'est beaucoup plus facile qu'on ne le croit. Vous n'avez même pas besoin d'avoir un jardin pour cela : vous pouvez faire pousser des légumes sur un tout petit coin de terre, dans un pot de fleurs à côté de la porte d'entrée, voire sur un rebord de fenêtre (ou dans le jardin d'un membre de votre famille, si vous n'avez ni jardin, ni appui de fenêtre).

« L'année dernière, nous avons fait pousser quatre fraisiers dans le salon, à côté de la télé. Au début, c'était un essai, histoire de voir. Mais les fraises étaient si bonnes (et bon marché) que cette année, tous nos amis ont décidé de suivre notre exemple. »

Holly, 28 ans

Pour faire pousser vos propres légumes, il vous suffit de réfléchir un peu et d'identifier les variétés qui ont de bonnes chances de se plaire dans votre région (par exemple, si vous vivez dans le nord de la France, il y a peu de chances que vous réussissiez à faire pousser des avocats sur le rebord de votre fenêtre). Puis réfléchissez aux légumes que vous aimez et que vous utiliseriez. Procurez-vous des semences (en vente dans les supermarchés et les jardineries, ainsi que sur Internet). En faisant votre choix, lisez attentivement les étiquettes pour savoir comment les cultiver et optez pour des graines à semer tout de suite (si vous choisissez des variétés à planter plus tard, vous risquez d'oublier). Ensuite, achetez du terreau. Si vous ne voulez pas faire l'acquisition de pots de fleurs, recyclez des barquettes alimentaires : il suffit de percer des petits trous au fond, avec la pointe d'un couteau. Enfin, rentrez chez vous et réalisez vos plantations. Arrosez régulièrement et attendez que vos légumes poussent. Récoltez-les et mangez-les, dans les quantités qui vous chantent : c'est gratuit !

Votre budget boissons

Pas besoin d'avoir un prix Nobel d'économie pour savoir qu'après la nourriture, le deuxième poste du budget « vie sociale » est généralement consacré aux boissons. Mais contrairement à une idée reçue, ce n'est pas seulement l'alcool qui coûte cher. Si vous buvez de l'eau minérale, si vous sirotez régulièrement des boissons gazeuses et si vous êtes fan de cappuccinos, vous dépensez une fortune en boissons – de l'argent qui pourrait être utilisé autrement. Alors, au lieu de laisser l'abus de boissons vous ruiner, réduisez ce poste de votre budget. Voici quelques conseils.

Cessez de boire des cappuccinos

Saviez-vous qu'une chaîne internationale spécialisée dans le café, dont nous ne citerons pas le nom, a annoncé cette année un chiffre d'affaires de plus de 2 milliards de dollars, soit une hausse de 20 % par rapport à l'année précédente ? Ce n'est guère surprenant, quand on pense au nombre d'accros aux cappuccinos et au *caffè latte*, qui passent tous les jours dans ces établissements pour s'y offrir une boisson à emporter. J'ai une bonne nouvelle pour toutes les fans de café : elles vont pouvoir continuer à en boire tout en économisant de l'argent. La première solution, bien sûr, consiste à préparer le café chez soi et à s'acheter un *mug* spécial pour l'emporter. Si vous achetez le café en grains correspondant à votre boisson fétiche, celle-ci aura exactement le même goût. Vous n'êtes pas convaincue ? Réfléchissez un peu : deux cafés à emporter par jour, ça fait dix tasses par semaine, 40 tasses par mois, soit environ 500 tasses par an. Calculez ce que cela vous coûte. Alors, convaincue ? Voici comment maîtriser votre budget café.

• Emportez votre tasse au bureau et buvez le café de la cafetière (gratuit)

Le café de la cafetière du bureau est imbuvable ? Emportez votre paquet de café et préparez une boisson à votre goût.
Vous aimez marcher dans la rue, un gobelet en carton à la main (vous seriez surprise de découvrir combien de gens adorent cette sensation) ? Dans ce cas, la prochaine fois que vous passerez devant une chaîne de cafés, entrez-y pour « emprunter » un gobelet et remplissez-le au bureau. D'accord, c'est petit, mais vous aurez la même sensation tout en économisant des sous !

L'alcool

En soi, l'alcool n'est pas forcément cher. C'est la quantité consommée en une soirée qui finit par coûter une fortune. Si vous aimez les boissons alcoolisées et si vous n'avez pas l'intention de limiter votre consommation, suivez le guide.

LE SAVIEZ-VOUS ?

Tous les ans, les Américains dépensent 90 milliards de dollars en alcool. Les Britanniques, eux, consacrent 7 milliards de livres sterling à l'achat de bières, vins et autres boissons alcoolisées. Quant aux Français, ils détiennent la première place en volume et en valeur.

• Choisissez des bars moins chics

Les chaînes sont souvent moins chères et pratiquent des prix plus attrayants que les bars à cocktails, les établissements branchés et les restaurants.

• Modérez-vous

Alternez : une boisson alcoolisée, une boisson non alcoolisée. D'accord, les boissons gazeuses ne sont pas forcément moins chères que l'alcool, mais l'eau du robinet, elle, présente l'avantage d'être gratuite (enfin presque).

• Ouvrez l'œil

Les bières, alcools et cocktails ne sont pas tous au même prix. Par conséquent, ne commandez pas la première chose figurant sur la carte ou ce que vous buvez habituellement. Choisissez intelligemment.

• Envisagez de commander une bouteille ou un pichet

Cela coûte moins cher que les boissons au verre.

• Les bars sont des commerces comme les autres

Ils poussent à la consommation de produits chers et à la mode. Par conséquent, si vous n'êtes pas difficile, évitez les marques.

• Pour les cocktails

Demandez qu'on ne vous mette pas de glace et qu'on remplisse le verre – vous en aurez plus pour votre argent.

• Profitez des *happy hours*

Vous serez surprise de voir ce qu'on peut économiser en changeant le jour ou l'heure de ses sorties.

• À la maison

Utilisez des verres plus petits et faites vos courses en gros si vous buvez régulièrement de l'alcool.

• Prenez un verre avant de sortir

L'alcool et les sodas représentent une part importante du chiffre d'affaires des bars et des boîtes de nuit. Alors, à moins qu'il s'agisse d'une occasion spéciale, buvez ailleurs.

L'eau minérale

Tous les ans, nous consommons 154 milliards de litres d'eau minérale, ce qui est complètement fou quand on pense que l'eau en bouteille coûte environ 500 fois plus cher que son équivalent au robinet, et qu'à moins de vivre dans un pays où l'eau du robinet n'est pas potable, c'est une aberration sur le plan économique.

Vous achetez de l'eau minérale parce que vous n'aimez pas le goût de l'eau du robinet ? Dans ce cas, achetez-vous une carafe pour filtrer l'eau, ou ajoutez-y un petit cordial.

Si vous aimez les bouteilles pour leur côté pratique à transporter, achetez-vous une gourde de sportif et remplissez-la tous les matins avant de partir travailler.

Vous pensez que c'est meilleur pour la santé ? Sachez que c'est faux. L'eau du robinet est soumise à des règles plus strictes que l'eau minérale (qui peut être embouteillée depuis un an au moment où vous l'achetez).

Vous buvez de l'eau minérale parce que vous trouvez ça chic ? Là, c'est du grand n'importe quoi !

Les boissons pétillantes

Vous êtes une inconditionnelle des boissons gazeuses ? Sachez que vous n'êtes pas la seule.

Certes, ceci n'est pas un ouvrage de diététique, mais notez malgré tout que les boissons gazeuses qui ne sont pas *light* sont pleines de sucre, et que celles qui sont *light* sont pleines de trucs que vous n'avez sans doute aucune envie de consommer en grandes quantités. Cela dit, il est vrai que les boissons pétillantes sont délicieuses et je ne jouerai pas les rabat-joie en décrétant qu'il faut y renoncer totalement ou acheter des sodas sans marque. Toutefois, il existe des solutions pour acheter ces boissons moins cher.

Tout d'abord, achetez en grandes quantités. Prenez des packs de 24 canettes ou des grandes bouteilles de 2 litres. Cela revient moins cher que l'achat de canettes à l'unité ou de petites bouteilles. Les plus futées prendront une petite bouteille et une méga-bouteille, et rempliront la petite bouteille tous les matins, avant de partir au bureau. À la maison, pour réduire votre consommation, buvez dans un verre un peu plus petit que d'habitude et ajoutez des glaçons.

Ensuite, veillez à bien vous hydrater avec de l'eau plate : ainsi, vous n'aurez pas en permanence envie de boissons gazeuses. Nous sommes nombreuses à ouvrir une canette parce que nous mourons de soif et que nous apprécions l'effet désaltérant des boissons pétillantes.

Enfin, recyclez canettes et bouteilles en plastique : vous visualiserez la quantité de boissons pétillantes englouties chaque semaine. Les vestiges sous les yeux, vous comprendrez ce que vous dépensez !

Envie d'une vie sociale exaltante ? Faites comme les étudiants !

Non, vivre comme une étudiante ne signifie pas forcément s'installer dans une chambre de bonne en buvant de la piquette et en mangeant des nouilles tous les soirs. Si vous avez envie d'une vie sociale animée sans pour autant dépenser une fortune, inspirez-vous du modèle étudiant ; la plupart des étudiants savent s'amuser à moindre coût. La règle numéro un consiste à dénicher des adresses bon marché – ce qui n'est pas forcément synonyme de mal famé, sale et lugubre : je parle de restaurants bon marché, bars abordables et cafés raisonnables. Tous ces endroits feront parfaitement l'affaire pour retrouver vos amis et partager un bon moment avec eux sans vous ruiner.

Ensuite, soyez à l'affût des bonnes affaires : deux billets pour le prix d'un, soirée gratuite pour les filles, entrée à moitié prix avant 22 heures, etc. On trouve aussi des offres du type « un dessert offert avec le plat principal », « entrée à tarif réduit pour la séance de cinéma de 13 heures ». Ces promotions font le bonheur des étudiants, alors pourquoi ne pas en profiter, vous aussi ?

Un autre conseil utile consiste à ne pas fréquenter des « gosses de riches ». Ne passez pas votre vie en compagnie de gens qui ont beaucoup plus d'argent que vous. Vous vous sentiriez obligée de suivre.

S'il s'agit d'amis proches, dites franchement ce que vous pouvez vous permettre et ce qui est hors de vos moyens. Celles qui ont du mal à avouer qu'elles sont un peu ric-rac pourront toujours annoncer qu'elles suivent des cours du soir et qu'elles ne peuvent donc sortir qu'un soir par mois !

CONSEIL

Pour trouver des restaurants pratiquant des prix raisonnables, allez dans les quartiers fréquentés par les étudiants : vous y trouverez des cartes intéressantes destinées à attirer la clientèle peu fortunée.

Petites économies entre amis

Avec vos autres amis, efforcez-vous de faire des économies collectivement – la plupart des gens sont dans la même situation que vous et n'ont pas envie de dépenser trop d'argent. Par conséquent, n'ayez pas peur d'aborder le sujet. Dites que telle ou telle activité est hors budget, proposez de partager un taxi pour rentrer, invitez les gens à dîner chez vous au lieu d'aller au restaurant. Rappelez-vous : il n'y a pas de petites économies.

Si tous vos amis ont envie d'aller au restaurant, proposez-leur de les rejoindre plus tard. Dites que vous devez aller à la gym/passer voir quelqu'un/travailler tard et dînez chez vous avant de les retrouver. Cela vous fera économiser le prix du restaurant et limitera aussi le temps passé au bar (où l'on dépense de l'argent).

Une autre astuce consiste à boire de l'eau toute la soirée. Cela fonctionne parfaitement si votre but est de sortir, non de vous saouler – une excellente solution pour passer une soirée *« low cost »*.

REDÉCOUVREZ LE PLAISIR DE DÎNER À LA MAISON ENTRE AMIS

Organisez un dîner à la bonne franquette, où chacun apporte quelque chose (cela évitera à la maîtresse de maison de dépenser plus d'argent que si elle était allée au restaurant). Manger chez soi avec des amis est souvent plus amusant qu'on ne le pense. En plus, vous n'aurez pas à vous demander comment rentrer chez vous ! Prenez du bon temps, montez le volume de la musique et achetez des boissons à prix abordables.

Revoyez votre conception de votre vie sociale

Pratiquez la réflexion latérale pour vous interroger sur l'idée que vous vous faites d'une vie sociale réussie. Sortir avec des amis n'implique pas forcément du luxe, du glamour et beaucoup d'argent ; il existe des activités peu coûteuses : aller se promener avec des amis, assister à une soirée « jeux de société » dans un bar, organiser une journée sportive ou un pique-nique, regarder la télé à plusieurs ou découvrir une exposition dans un musée. Vous pouvez aussi essayer d'obtenir des remises lors de vos sorties – ce « marchandage » en vaut la peine si vous n'avez aucune envie de renoncer à votre passe-temps préféré. Pensez également aux cartes de fidélité des cinémas, des restaurants et des cafés, et demandez toujours s'il est possible d'obtenir une remise lorsque vous payez pour entrer quelque part. Le plus souvent, on vous répondra par la négative, mais une fois de temps en temps, vous obtiendrez une réponse positive. Et alors là, quel bonheur !

Enfin, apprenez à être moins généreuse. Si vous êtes du genre à payer des tournées générales dès que vous êtes pompette, emportez uniquement des espèces ou confiez votre carte bancaire à votre meilleure amie. Payer des tournées est le meilleur moyen d'exploser votre budget (c'est comme si vous laissiez votre carte bancaire au barman en disant que vous paierez plus tard pour tout le monde). Nous l'avons dit, vous devez réfléchir comme une étudiante. Par conséquent, pensez avant tout à votre argent. Ce ne sont pas vos amis qui passeront des nuits blanches à cause de votre découvert, c'est vous.

Des soirées glamour à petit prix

Respecter son budget tout en conservant une vie sociale trépidante et glamour n'est pas évident, mais c'est possible. Pour cela, il va falloir faire le tri entre les activités dont vous ne pouvez pas vous passer et celles auxquelles vous ne tenez finalement pas tant que cela, renoncer à la gratification immédiate et mieux choisir les endroits où vous dépensez vos sous. Après tout, soyons claires : si vous adorez le bling-bling et les lieux branchés, les adresses bon marché ne vous plairont pas…

• Votre passion, ce sont les boîtes de nuit ?

Jouez-la maligne et essayez de vous faire inscrire sur la liste des invités. Cela peut fonctionner dans les boîtes que vous fréquentez régulièrement. Une autre possibilité consiste à téléphoner à la discothèque et dire que vous préparez un événement (là, il va peut-être falloir faire des compromis avec la vérité). Demandez alors si vous pouvez entrer sans payer, pour venir jeter un coup d'œil. Les managers adorant les soirées d'anniversaire, assurez que vous aurez de nombreux invités et promettez de dépenser beaucoup d'argent. Il est probable qu'on vous laisse entrer sans payer, qu'on vous offre une consommation ou au moins qu'on vous laisse accéder au carré VIP.

• Faites fonctionner votre réseau relationnel

« Je travaille dans les relations publiques et j'ai découvert qu'en proposant aux propriétaires de boîtes de nuit de leur donner un coup de main pour leur communication, je pouvais économiser une fortune en entrées dans les boîtes et en consommations. Je ne me souviens pas de la dernière fois où j'ai payé pour entrer quelque part... »

Jess, 27 ans

Les amatrices de lieux glamour et hors de prix profiteront au maximum des soirées d'entreprise et de lancement. Demandez à tous vos amis et collègues qui ils connaissent et renseignez-vous sur les invitations qu'ils ont reçues. Ensuite, téléphonez aux organisateurs et faites-vous inviter. C'est une excellente formule pour faire la fête aux frais de la princesse et pour boire et manger gratuitement. Vous ne connaissez personne susceptible de vous faire entrer dans ce genre de soirées, mais vous avez malgré tout envie d'une vie sociale de célébrité ? Dans ce cas, soyez gonflée (cela s'apprend !) et téléphonez à droite et à gauche pour recevoir des invitations.

Choisissez un endroit où vous mourez d'envie d'aller, puis téléphonez et essayez de négocier quelque chose du genre :

- « Si je venais dîner avec huit personnes, vous nous feriez une remise ? »
- « Je cherche un endroit pour fêter mes 21 ans (ou un peu plus) et j'aimerais venir voir votre établissement. Est-ce que je pourrais entrer sans payer ? »

Mieux encore, soyez hyper-gonflée et dites que vous écrivez un article, que vous cherchez un lieu pour une soirée d'entreprise ou tout simplement que vous êtes à la recherche d'un lieu pour fêter votre mariage. Si rien ne marche, allez-y au culot et dites qu'on a oublié de vous inscrire sur la liste des invités. Cela ne fonctionnera peut-être pas. Mais si c'est le cas, bingo !

JOUEZ LE JEU

Voici quelques règles à respecter si vous arrivez à vous introduire frauduleusement dans un lieu chic et branché :

• Soyez toujours bien habillée. Vous ne voudriez pas risquer qu'on vous refuse l'accès ou qu'on vous jette dehors, non ?

• Sur place, ne racontez à personne comment vous êtes arrivée là. Un petit verre de trop pousse parfois à dire des choses qu'on regrette ensuite…

• Ne vous faites pas remarquer : non, on ne danse pas sur les tables, et on évite le *dirty dancing* ;

• Si on vous pose des questions, restez vague et posez plutôt des questions à vos interlocuteurs ;

• Si vous êtes démasquée, ne faites pas de scandale et ne soyez pas agressive. Rappelez-vous : vous n'êtes pas censée être là. Alors, soyez classe et repartez sans faire d'esclandre.

Comment être en pleine forme sans passer par la case « salle de gym »

Malheureusement, que cela vous plaise ou non, l'abonnement à la salle de gym est à comptabiliser dans le budget « vie sociale » – même si vous détestez y aller et si vous ne voyez pas du tout, mais alors pas du tout, ça comme une sortie. C'est d'ailleurs pour cela que tant de gens n'y vont que quatre fois par mois, voire moins. Vous avez du mal à vous rappeler la dernière fois où vous avez mis les pieds à la gym ? Soyez raisonnable et résiliez votre abonnement, ou bien trouvez une salle permettant un paiement à la séance. Si au contraire vous aimez faire du sport (ou plutôt, si vous avez besoin de faire du sport), souvenez-vous qu'un coach personnel et un abonnement à une salle de gym ne sont pas les seules options.

Les associations sportives

Tennis, volley, basket ou badminton, partout vous trouverez des associations sportives permettant de vous entraîner et de jouer au moins deux fois par semaine. Renseignez-vous sur les disciplines proposées dans votre quartier ou créez une équipe au bureau, avec vos collègues. Pour cela, il suffit d'un parc et de quelques équipements de base.

Les DVD de fitness

La plupart des DVD sont plus faciles à suivre et mieux faits qu'on le pense. Allez voir dans votre vidéoclub ce qui se fait ou, mieux encore, demandez à vos amies d'emprunter leur DVD (la plupart des gens ont au moins un DVD de remise en forme qui traîne sur une étagère, inutilisé). Le bon côté de ces DVD, c'est qu'ils permettent de faire de l'exercice tranquillement, chez soi. Et sans débourser un centime, ce qui ne gâche rien.

Faites un échange de bons procédés avec un(e) ami(e)

Tout le monde connaît au moins une personne sportive. Appelez-la et demandez-lui si elle accepterait de devenir votre coach. Pour la convaincre, proposez un échange de bons procédés. Vous êtes bonne en maths ? Proposez-lui de faire ses comptes. Vous êtes une pro de la déco ? Repeignez sa maison. Vous n'avez pas de compétences particulières ? Qu'à cela ne tienne : vous pouvez faire sa lessive une fois par semaine ou laver sa voiture.

Les livres de fitness

Les livres constituent eux aussi un excellent moyen pour mettre sur pied un plan fitness efficace ; ils ont pour la plupart été écrits par des gens qui ont testé les méthodes sur le terrain.
La collection des *Paresseuses* compte ainsi quelques best et long sellers !
Il est rare que ces livres exigent des équipements particuliers. Il suffit de savoir lire et d'effectuer les mouvements décrits. En revanche, si vous vous mettez au jogging, cela vaut la peine d'investir dans une très bonne paire de chaussures et dans un soutien-gorge de sport.

Créez votre club de course à pied

C'est une excellente formule pour se retrouver entre amis et faire du sport. Pour cela, il suffit de trouver quatre personnes qui ont envie de se remettre en forme et de décider d'aller courir ensemble, deux fois par semaine – une bonne formule consiste à y aller un matin pendant le week-end et un soir dans la semaine. L'intérêt de cette solution, c'est qu'en courant à plusieurs, on se surpasse grâce à l'émulation qui se crée entre les membres du groupe.

20 BONS PLANS POUR AVOIR UNE VIE SOCIALE SANS SE RUINER

1. Passez des soirées en tête à tête avec votre chéri, à la maison

C'est plus romantique que vous ne le croyez, surtout si vous soignez l'ambiance. Imaginez quelques bougies, un exquis repas cuisiné par vos soins et rien que vous deux...

2. Sortez des sentiers battus

Essayez des activités moins coûteuses que les sorties habituelles : patin à glace, bowling, musée, voire soirées loto. Dans la vie, il y a bien d'autres choses à faire que d'aller au cinéma, au restaurant, en boîte et dans les bars.

3. Allez à des soirées jeux

Beaucoup de bars organisent des soirées spéciales où ils proposent des jeux et où les consommations sont moins chères. Soirées Trivial Pursuit, jeux Wii ou karaoké... lancez-vous.

4. Organisez un dîner chez vous

C'est un excellent moyen d'améliorer vos compétences aux fourneaux et de convaincre vos amis que les soirées chez soi, c'est tendance. En retour, vous serez sans doute invitée à votre tour.

5. Faites une soirée DVD

Sortir au cinéma à deux, surtout quand on est amateur de pop-corn, peut coûter une véritable petite fortune. Louez plutôt un bon DVD et invitez vos amis à venir le regarder chez vous.

6. Évitez d'acheter à boire et à manger au cinéma

C'est un excellent conseil pour économiser de l'argent, car les cinémas s'efforcent de faire acheter à leurs clients boissons et confiseries à prix d'or. Emportez vos « provisions » si vous arrivez à les introduire dans la salle, ou gardez votre argent pour vous offrir un dîner bon marché plus tard.

7. Inscrivez-vous à un cours du soir

Des plus traditionnels (langues étrangères) aux plus délirants (cours de cirque), il existe des cours du soir pour tous les goûts. Renseignez-vous sur ce qui est proposé près de chez vous et inscrivez-vous : cela vous fera une sortie, un soir par semaine, pour pas cher. Vous rencontrerez des gens, vous vous amuserez et vous aurez une vie sociale qui ne coûtera pas grand-chose.

8. Créez un club d'amateurs de vin

Pour bien faire, il faut limiter le nombre de participants, afin d'éviter que la dégustation se transforme en soirée. Cantonnez-vous à six amis au maximum. Ensuite, lisez des magazines et des articles sur Internet consacrés au vin pour découvrir des produits nouveaux et intéressants. Chaque participant achète une bouteille, à tour de rôle, pour améliorer vos connaissances sur le vin et l'œnologie.

9. Envisagez de prendre un deuxième job dans un bar ou une boîte de nuit

Vous n'avez pas forcément envie de renoncer à votre bar ou votre boîte préférés, mais ces sorties ne sont pas dans vos moyens ? Dans ce cas, pourquoi ne pas y travailler ? C'est un excellent moyen d'y aller (même si c'est pour travailler) tout en gagnant un peu d'argent au passage.

10. Organisez une soirée beauté

Une bonne solution pour voir des copines et profiter de l'ambiance d'un spa sans se ruiner. Limitez le nombre de participantes à six. Chacune devra apporter plusieurs produits de beauté : masques pour le visage, crèmes pour les pieds, vernis à ongles, qui seront mis à la disposition de toutes. Quant à vous, vous fournirez serviettes, cotons démaquillants et miroirs.

11. Faites entrer Las Vegas dans votre salon

Apprenez à jouer aux cartes, que ce soit au vingt-et-un ou au poker et invitez des amis à jouer chez vous ; vous passerez de bons moments sans vous ruiner – à condition bien sûr de jouer des bonbons, des cacahuètes ou des allumettes, pas de l'argent !

12. Pensez aux rencontres avec des auteurs

Renseignez-vous sur les rencontres avec des auteurs organisées par les librairies de votre quartier et les bibliothèques. Souvent gratuites et passionnantes, ces manifestations sont de surcroît un excellent moyen de faire la connaissance de gens qui partagent les mêmes passions que vous.

13. Achetez un jeu

Attention, je parle d'un jeu de société, pas d'une console ! Avec la crise, les jeux de société redeviennent à la mode, notamment ceux qui permettent à plusieurs joueurs de s'affronter. C'est le cas des jeux de mots, comme le Scrabble® et des jeux de stratégie. Allez voir dans des braderies d'associations caritatives ou dans des vide-greniers pour en trouver d'occasion, ou bien investissez dans un jeu neuf.

14. Allez écouter des groupes dans des bars

Vous aimez la musique, mais vous ne pouvez pas vous permettre d'acheter des billets pour des concerts ? Pensez à la musique *live* proposée dans les bars. Beaucoup d'établissements accueillent des musiciens. D'accord, il ne s'agit pas de formations de renommée internationale, mais cela pourra étancher votre soif de concerts.

15. Faites du bénévolat dans le théâtre de votre quartier

… ou dans un festival de musique, ou à toute autre manifestation locale. C'est une excellente solution pour voir des spectacles gratuitement.

16. Pensez aux réservations de dernière minute

Cette formule permet d'obtenir des billets de concerts et de spectacles à prix cassés – à condition d'être prête à prendre le risque de ne plus trouver de place.

17. Profitez de tout ce qui est gratuit

Écoutez des musiciens de rue, allez dans un quartier où il y a des animations de rue ou dans une fête foraine. Certes, les possibilités sont plus nombreuses en été, mais en cherchant bien, on trouve aussi quelques manifestations gratuites en plein air en hiver.

18. Allez manger dans des quartiers ethniques

La cuisine ethnique est moins chère dans les quartiers… ethniques, tout simplement en raison de la forte concurrence. Par conséquent, si vous êtes fan de cuisine chinoise ou indienne, allez dans le quartier de cette communauté.

19. Offrez-vous une soirée massage

Essayez de trouver une masseuse qui viendrait vous faire un massage de la nuque et des épaules à domicile, pendant 15 minutes. Si vous arrivez à réunir six amies chez vous, le déplacement sera bénéfique pour elle. Relaxation garantie !

20. Allez passer une journée à la plage (ou dans un grand parc près de chez vous)

C'est une sortie bon marché, amusante et excellente pour la santé. Réservez un billet de train ou de car à prix cassé, ou pratiquez le covoiturage, et partez pour la journée. Pas besoin d'attendre un temps estival pour profiter de la vue, pique-niquer et prendre du bon temps sur la plage.

chapitre 4

Comment passer de « fashionista » à « récessionista »

Et si vous deveniez une « récessionista » ?

En matière de beauté, on dirait que nos budgets ne connaissent pas de limites... Besoin de maquillage, de produits pour les cheveux, de chaussures ou de sous-vêtements ? Allons-y, on achète. Car il s'agit bien de produits de première nécessité, non ? Sauf que voilà : pour assainir votre situation financière, il faut dépenser moins et réfléchir davantage, un principe qui vaut pour tous les types de dépenses. En d'autres termes, on réfléchit avant d'acheter et on se demande si une dépense incontournable est vraiment incontournable (ou s'il s'agit d'un achat inconsidéré, ou bien d'un article qui donne l'illusion d'être plus belle en creusant au passage un peu plus notre découvert).

« J'aime être belle et je n'arrive pas à réduire mon budget beauté. Pourtant, je sais bien que je ne peux pas me permettre ces dépenses... »

Ashley, 26 ans

Si la simple idée d'une restriction budgétaire vous fait frémir d'horreur, calmez-vous : être une « récessionista » (à savoir une fashionista qui se serre la ceinture tout en restant résolument sublime) ne signifie pas porter ses vêtements jusqu'à ce qu'ils tombent en lambeaux ou qu'ils soient archi-démodés, ni sortir de chez soi sans une once de maquillage. Il s'agit simplement de dépenser intelligemment et d'être plus avisée dans ses choix vestimentaires et esthétiques. Pour les unes, cela veut dire cesser d'acheter des tonnes de vêtements, pour les autres, cesser de ne porter que des marques.

LE SAVIEZ-VOUS ?

Trois femmes sur quatre se disent préoccupées par leur situation financière. Toutefois, 83 % d'entre elles continuent à acheter vêtements, accessoires et produits de beauté au moins une fois par semaine.

La bonne nouvelle, c'est qu'on n'a pas besoin de dépenser une fortune pour se faire plaisir en matière de mode ou de beauté. Il existe quantité d'options (dont certaines peuvent même être réalisées à la maison) qui ne coûtent pas cher et qui permettent de se faire plaisir et d'être sublime.

LE SHOPPING DES FASHIONISTAS, CE QU'IL FAUT SAVOIR

53 % des femmes disent qu'avec la crise, elles sont devenues plus sélectives dans leurs achats ;
25 % des consommatrices comparent les prix avant d'acheter ;
24 % d'entre nous ont réduit leurs achats impulsifs ;
46 % des femmes dépensent désormais moins en vêtements, accessoires et produits de beauté, pour faire des économies.

Maîtrisez vos envies de shopping

Le shopping, tout le monde aime ça. Il suffit d'aller faire un tour dans une rue commerçante ou dans un centre commercial, n'importe quel jour de la semaine et à n'importe quelle heure de la journée, pour voir des centaines de gens flâner dans les rayons, faire la queue aux caisses et se promener, les bras chargés de sacs. Et qui pourrait le leur reprocher ? Comme nous l'avons vu au chapitre 2, faire des courses est un loisir mondial. Qui plus est, pour beaucoup d'entre nous, les vêtements, les chaussures et les accessoires sont partie intégrante de notre identité. Si vos vêtements définissent votre goût, votre style et votre statut social, vous allez avoir un peu de mal

à adhérer au principe de l'austérité. Toutefois, il y a peut-être un paramètre qui pourra vous aider à maîtriser vos dépenses : votre conscience.
Des études ont démontré qu'au cours des cinq dernières années, le nombre de vêtements achetés par personne a augmenté de plus d'un tiers. Une excellente nouvelle pour l'industrie du prêt-à-porter, et une excellente nouvelle pour nos garde-robes, pensez-vous ? En réalité, cela signifie qu'un grand nombre de consommateurs considèrent désormais le vêtement comme un produit jetable. On achète un article bon marché, on le met plusieurs fois puis on le jette, sans état d'âme.

Vous faites partie de celles qui répondent : « Et alors ? » Et alors, cela représente non seulement un gigantesque gaspillage (75 % de ces vêtements finissent dans des décharges), mais aussi un coût considérable. Cette évolution s'explique en partie par la baisse du prix des vêtements, liée à leurs conditions de fabrication.

Vous vous êtes déjà demandé pourquoi il est possible de trouver des robes qui coûtent moins cher qu'un sandwich ? C'est tout simplement parce que quelque part dans le monde, dans un pays pauvre, une personne payée une misère l'a fabriquée, pour un dixième du prix que vous allez débourser (et sans doute dans des conditions de travail parfaitement déplorables). Donc si vous voulez maîtriser vos dépenses et si vous avez d'autres motivations dans la vie que le gain d'argent, envisagez sérieusement de modifier vos comportements, d'agir pour les habitants de ces pays et de cesser de consommer aveuglément. Pour maîtriser vos poussées de fièvre acheteuse, commencez par assimiler les trois concepts suivants : « réduire, réutiliser, recycler ».

« Je fréquente beaucoup les magasins de chaînes, j'achète bon marché, ce qui me permet d'acheter beaucoup. Parfois, je ne porte même pas la moitié de mes nouvelles acquisitions, mais c'est tellement bon marché que je ne m'en fais pas pour mes dépenses. Ce n'est pas comme si j'étais accro aux marques… »

Léa, 24 ans

Réduire

Refusez le concept du vêtement « jetable ». Attention, il ne s'agit pas de renoncer à la mode. Simplement, contentez-vous d'acheter ce dont vous avez réellement besoin et ce qui vous plaît vraiment. Par ailleurs, préférez la qualité à la quantité. Ainsi, vos vêtements dureront plus longtemps, vous les porterez plus souvent et vos achats s'amortiront.

Réutiliser

Ne jetez pas les vêtements simplement parce qu'ils ne sont plus de saison et que vous ne les remettrez pas l'année suivante. En hiver, portez vos petits hauts de l'été précédent en les superposant ou en les mettant sous des pulls. Vous pouvez aussi les garder pour la gym ou pour cocooner à la maison. Offrez les vêtements qui ne vous plaisent plus à vos amis ou à des membres de la famille, ou bien vendez-les sur des sites comme eBay.

Recycler

Certains vêtements ne peuvent plus être portés ? Déchirez-les en morceaux et faites-en des chiffons pour le ménage. Ou bien, s'ils sont simplement démodés, donnez-les à des braderies d'associations caritatives.

Restez classe, même pendant la crise

Avant de lancer votre programme anti-crise, commencez par vous interroger sur vos magasins fétiches et sur les raisons qui vous poussent à acheter (pour en savoir davantage sur la psychologie du shopping, référez-vous au chapitre 2). Vous adorez les fringues, tout simplement ? Il existe quantité de solutions pour assouvir votre passion sans vous ruiner. Que les fashionistas qui préféreraient mourir plutôt que d'être aperçues en train de porter un sac provenant d'un magasin bon marché soient rassurées : il y a des astuces pour faire des économies tout en restant ultra-tendance. Toutes les passionnées de mode devraient d'ailleurs suivre l'exemple des top models qui associent vêtements de créateurs, fringues provenant de chaînes bon marché et vintage. Il leur arrive même, de temps en temps, de ressortir des tenues qui datent… Alors, si elles le font, il n'y a pas de raison de s'en priver !

Neuf ou vintage ?

Le vintage, ce sont des vêtements d'occasion, généralement de grandes marques.

Souvent de bonne qualité, ils permettent aux modeuses impénitentes de faire d'excellentes affaires. Et si vous les choisissez judicieusement, ces achats peuvent être de bons investissements à long terme. Pour dénicher des vêtements vintage, fouinez dans certains magasins de chaîne, allez faire un tour sur eBay et fréquentez les friperies de quartier.

Attention toutefois : pour acheter utile, il convient de se poser quelques questions.

Est-ce que le vêtement me va ?

Les articles vintage sont souvent de petite taille (en partie parce qu'autrefois, les gens étaient moins grands qu'aujourd'hui). Par conséquent, essayez systématiquement avant d'acheter. Si le vêtement est un peu juste, ne le prenez pas, les tissus anciens se déchirent facilement, et réparer un vêtement peut se révéler très cher.

« Quand j'écume les boutiques vintage, j'amène toujours ma mère, qui est une excellente couturière. Elle sait toujours me dire si un vêtement est bien coupé ou s'il peut être réparé. »

Cassie, 26 ans

Le vêtement est-il taché ?

Les taches anciennes se retirent très difficilement. Si la salissure vous gêne lorsque vous regardez le vêtement, elle vous gênera bien plus encore une fois de retour à la maison. Alors soyez raisonnable. En cas de gros, gros coup de cœur, demandez une remise. Si le prix vous convient, vous réussirez peut-être à fermer l'œil sur la tache.

Le vêtement est-il abîmé ?

Vérifiez systématiquement boutons, ourlets et fermetures. Le remplacement d'une fermeture ou d'un bouton ancien peut se révéler compliqué. Toutefois, si changer des boutons ne vous dérange pas ou si vous connaissez quelqu'un qui se débrouille bien en couture, achetez le vêtement – mieux, demandez une remise en mentionnant le problème.

S'agit-il vraiment d'une affaire ?

Acheter un vêtement que vous ne mettrez jamais simplement parce qu'il n'est pas cher n'est pas une bonne idée. Soyez raisonnable, n'achetez pas cette robe rouge flashy que vous ne porterez jamais, ni ces escarpins à talons démesurés si vous ne vous promenez qu'en baskets. Enfin, à moins d'être ultra-éclectique ou ultra-excentrique, ne craquez pas pour des choses trop originales. L'idée, c'est de trouver des classiques ou des vêtements de créateurs pouvant être associés aux éléments de votre garde-robe, pas de ressembler à un clown.

Je me lance : je répare !

Êtes-vous coupable d'avoir jeté une chaussure simplement parce que son talon était cassé ? Mis un gilet au rebut parce que vous avez perdu un bouton ? Acheté de nouvelles baskets parce que les vôtres commençaient à avoir vécu et à être sales ? Si oui, sachez que vous n'êtes pas la seule. Toutes, nous reléguons au fond des placards certains vêtements qui auraient encore de beaux jours devant eux parce que nous avons perdu l'habitude de réparer. Or si l'on veut faire des économies, cela vaut la peine d'apprendre à prolonger la durée de vie de ses vêtements.

Procédez aux réparations dès que vous constatez un problème. Pas besoin d'être voyante pour savoir que lorsqu'un bouton se découd ou qu'un ourlet commence à se défaire, les choses vont rapidement se dégrader en l'absence d'intervention immédiate. Toutefois, si vous êtes comme la grande majorité des paresseuses, vous allez attendre que les choses empirent et finir par perdre ce bouton. Ou par vous retrouver, un beau jour, avec une gigantesque déchirure sur le côté de votre manteau ou de votre robe.

Dès lors, la seule option sera de jeter le vêtement au fond de votre armoire et de très vite l'oublier. Si cette attitude vous paraît étrangement familière, voici comment changer de comportement.

Commencez par investir dans un paquet d'aiguilles et dans du fil (cela coûte moins cher que votre magazine préféré). Rangez-les à un endroit où ils seront facilement accessibles (sinon, vous ne vous en servirez pas, c'est sûr…). Réparez systématiquement les vêtements dès que vous découvrez le problème (c'est-à-dire avant de les laver). Le passage en machine peut agrandir un trou minuscule ou faire perdre définitivement un bouton. Enfin, si vous êtes totalement inexpérimentée, entraînez-vous avec quelques boutons et de vieux morceaux de tissu – surtout si vous avez peur de faire des dégâts en vous lançant directement.

Comment recoudre un bouton

Enfilez votre aiguille. D'accord, ça peut paraître évident. Mais au cas où cela ne le serait pas pour vous, voici comment procéder : coupez un morceau de fil à la taille adéquate et faites passer une extrémité dans le chas de l'aiguille (si vous avez du mal, humidifiez un peu l'extrémité du fil, cela facilite la manœuvre). Ensuite, alignez les deux bouts du fil et faites un nœud à l'extrémité opposée à l'aiguille.

Positionnez le bouton au bon endroit, en vous alignant sur le reste de fil ou sur les minuscules trous laissés dans le tissu par le bouton. Vous ne trouvez pas de traces du bouton précédent ? Alignez-le par rapport à la boutonnière.

Faites votre premier point en piquant l'aiguille dans l'envers du tissu (l'extrémité nouée empêchera le fil de traverser complètement l'étoffe), puis passez l'aiguille dans l'un des trous du bouton. Faites-la passer à travers le tissu. Puis insérez l'aiguille et le fil dans le trou voisin, en sens inverse, pour revenir sur l'envers du tissu.

Faites repasser l'aiguille dans un autre trou du bouton, puis faites-la revenir à travers le premier trou, en tirant tout le fil.

Assurez-vous que le bouton tient bien, sans toutefois tirer excessivement sur le fil. Le bouton risquerait d'être trop plaqué contre le tissu (ce qui gênerait lors du boutonnage).

Continuez jusqu'à ce que le bouton soit solidement fixé. Pour cela, il faut généralement huit à dix points.

Pour le dernier point, faites ressortir l'aiguille entre le tissu et le bouton. Enroulez plusieurs fois le fil autour des fils tenant le bouton, puis repassez l'aiguille dans le tissu, pour qu'elle ressorte sur l'envers. Faites un double nœud avec le fil, coupez l'excédent de fil et récupérez l'aiguille. Ça y est, vous venez de recoudre un bouton !

CONSEIL

Vous pourrez vous simplifier la vie (et éviter de perdre le bouton) en recousant le bouton avant qu'il ne tombe complètement. Pour cela, laissez le fil en place et procédez comme décrit plus haut.

Comment réparer un accroc

Réparer un accroc est encore plus facile que de recoudre un bouton. Pour cela, il suffit de savoir faire une série de points droits (des points qui ressemblent à des traits d'union, comme ceci : ---------).

Retournez le vêtement sur l'envers et placez les deux bords de la déchirure l'un contre l'autre, en les tournant vers l'intérieur du vêtement.

Ensuite, enfilez l'aiguille et faites un nœud à l'extrémité du fil. Passez l'aiguille dans le tissu et tendez le fil, jusqu'à ce que le nœud butte contre le tissu.

Faites un point en piquant l'aiguille, en faisant passer le fil dans le tissu, puis en piquant à nouveau, dans l'autre sens, 3 mm plus loin.

Continuez ainsi sur toute la longueur de la déchirure, jusqu'à ce que les deux bords soient réunis. Ne tirez pas trop sur le fil, pour ne pas froncer le tissu. Plus les points seront petits et réguliers, moins la couture se verra. Efforcez-vous de coudre le plus près du bord, pour ne pas déformer le tissu.

Pour terminer, repassez l'aiguille plusieurs fois dans le dernier point, puis faites un nœud.

Comment enlever une tache

Les taches ne sont pas toujours aussi définitives qu'on le pense. Toutefois, plus vous réagirez vite, plus vous aurez de chance de faire disparaître la salissure.

Sang

Mettez le vêtement à tremper dans de l'eau froide. Si la tache est importante, ajoutez deux cuillerées à soupe de sel dans l'eau et laissez tremper une nuit entière. Le lendemain, rincez et tamponnez la tache avec une serviette.

Huile et graisse

Faites chauffer votre fer à repasser (avant de commencer, consultez l'étiquette du vêtement pour connaître la température maximale supportée par le tissu). Posez un morceau d'essuie-tout ou de buvard sur la tache et passez un coup de fer sur le papier. ATTENTION ! ne maintenez pas le fer sur la tache. Si le tissu est trop fragile ou si vous craignez de faire brûler le papier, posez le tissu, côté taché, sur un morceau d'essuie-tout. Versez une goutte de produit vaisselle sur l'envers de la tache et attendez une minute. Ensuite, lavez le vêtement en machine, à la plus haute température supportée par le tissu.

Chewing-gum

Pour enlever du chewing-gum, il faut le refroidir avec un glaçon ou mettre le vêtement tout entier au congélateur, dans un sachet en plastique, pendant quelques heures. Ensuite, servez-vous d'un couteau non coupant ou du bord d'une carte bancaire pour enlever le chewing-gum.

Vin, chocolat et café

Lavez la tache avec du shampooing ou de la mousse nettoyante pour tissus d'ameublement. Faites préalablement un test à un endroit qui ne se voit pas, pour voir si la couleur résiste, et ne mettez pas trop de produit. Le chocolat part assez facilement sur les tissus lavables. Si la tache est tenace, essayez un bon détachant pour tissus, en vente dans les grandes surfaces.

Entretenez vos chaussures et sacs en cuir

Vous ne prenez pas du tout soin de vos chaussures et de vos sacs ? Dans ce cas, soit vos chaussures sont complètement usées, soit vous avez un énorme budget sacs et chaussures. En l'absence d'entretien, le cuir se dessèche et finit par se craqueler, ce qui veut dire que l'on n'a plus envie de porter les chaussures, même si elles ont coûté une fortune. Pour les maintenir en bon état et leur permettre de durer des années, il suffit de les nettoyer, entretenir, réparer, cirer et imperméabiliser.

Pour nettoyer sacs et chaussures, la dernière chose à faire est de laver le cuir à l'eau, puis de le mettre à sécher sur un radiateur ! Cela abîme le cuir et les chaussures deviennent toutes dures (en plus, l'eau peut faire des taches). Le meilleur moyen d'entretenir des chaussures, c'est le bon vieux cirage.

Enlevez la boue et la saleté, si nécessaire, avec une éponge humide. Ensuite, avec un chiffon doux, appliquez du cirage sur le dessus de la chaussure et sur le pourtour (pour les sacs à main, utilisez le cirage avec parcimonie : cela évitera de tacher vos vêtements ; l'idéal c'est le cirage incolore). Laissez le cirage une nuit entière sur le cuir.

À l'aide d'un chiffon doux et propre, polissez le cuir pour enlever l'excédent de cirage. Pour obtenir un résultat bien brillant, utilisez une brosse douce ou un morceau de tissu, et frottez.

Sachez aussi qu'un professionnel peut réparer talons cassés, semelles trouées, fermoirs et lanières. Le sac ou les chaussures auront l'air comme neufs, pour beaucoup moins cher.

Vendez ou échangez les vêtements que vous ne portez pas

Rendez service à votre chambre : faites le tri dans votre garde-robe pour mettre de côté tout ce dont vous ne voulez plus et qui n'a jamais servi.

Une fois que vous aurez devant vous un tas (plus vous serez intransigeante, plus il sera gros), faites un nouveau tri, en deux piles distinctes : la première avec les choses à vendre ou à échanger (nous reviendrons sur ce sujet plus loin), la seconde qui ira à une association caritative. Rappelez-vous : 80 % des vêtements sont recyclables. Pourtant, nous ne sommes que 13 % à prendre la peine d'aller les apporter dans des friperies.

Je vends

Pour convertir en espèces sonnantes et trébuchantes des vêtements en bon état dont vous ne voulez plus, il existe plusieurs méthodes. Commencez par les laver ou les nettoyer, pour qu'ils apparaissent sous leur meilleur jour. Ensuite, décidez ce que vous allez en faire : les vendre ou les échanger sur Internet, ou organiser une vente pour vos collègues et amis.

Rien de plus simple que de vendre sur le Net : il existe une foule de sites spécialisés pour les vêtements. Cela ne vous rapportera sans doute pas une fortune (encore que… certains vêtements se vendent plus cher qu'on le croit), mais c'est une solution facile. Un conseil : soyez parfaitement honnête quant à ce que vous vendez. Si le vêtement est usé, précisez-le. Par ailleurs, ne soyez pas tentée d'acheter aussi vite que vous vendez – le but étant de vider vos armoires en gagnant un peu d'argent au passage, pas de revenir à la case départ !

J'échange

Phénomène relativement récent, les échanges de vêtements sur Internet sont une excellente solution pour s'adonner à sa passion de la mode sans débourser un centime (exception faite des frais de livraison). De plus, la plupart de ces sites permettent aussi d'échanger des vêtements contre des livres, des chaussures, des DVD et un tas d'autres choses.

CONSEIL

Oui, on peut être à la fois économe et sublime. Pour cela, il faut commencer par s'interroger sur ses attentes, pour les adapter à sa situation financière.

Sur Internet, résistez aux tentations

Quelques mots de mise en garde aux paresseuses qui s'apprêtent à vendre ou à échanger sur Internet. Pour maîtriser votre addiction au shopping, il va falloir parfois éteindre votre ordinateur. Certes, Internet est un outil fabuleux pour dénicher des affaires, des soldes de marques et des remises. Mais c'est aussi un gigantesque centre commercial ouvert 24 heures sur 24, autrement dit, un danger considérable pour les fashionistas ayant du mal à se maîtriser. De plus, c'est un centre commercial d'une intelligence redoutable, qui vous incitera à acheter plus, qui va vous faire croire que vous « économisez » de l'argent alors que vous êtes en train d'en dépenser et qui ne cessera de vous envoyer des rappels pour vous proposer de sublimes nouveaux arrivages qui n'attendent qu'une chose : être livrés chez vous !

On a déjà vu rechuter plus d'une accro au shopping repentie, qui s'est mise à passer ses soirées sur des sites marchands. Donc toutes celles qui ont du mal à se réfréner dans les magasins doivent savoir qu'il en sera de même sur Internet.

COMMENT CESSER DE DÉPENSER DES SOUS SUR INTERNET

- **N'enregistrez pas vos moyens de paiement sur les sites que vous fréquentez. Plus le règlement sera compliqué, plus vous aurez de temps pour changer d'avis ;**
- **Ne laissez pas les sites vous envoyer des e-mails. Leur seul objectif : vous inciter à acheter davantage ;**
- **Si vous surfez sur le Web tous les soirs, débranchez votre ordinateur. Ainsi, il ne suffira pas de cliquer sur un bouton pour vous connecter ;**
- **Gardez vos cartes bancaires dans une pièce différente de votre ordinateur. Cela vous laissera un délai de réflexion ;**

• À l'heure où vous allez habituellement faire du cyber-shopping, prévoyez une autre activité : prenez un bain, sautez sur place pendant cinq minutes, regardez un DVD ou appelez votre meilleure amie, l'idée étant de changer vos habitudes ;
• Collez votre relevé de compte sur l'écran de votre ordinateur : cela devrait vous dissuader d'acheter.

N'oubliez pas vos amies

Vendre des vêtements aux copines ou faire des échanges avec elles est une excellente solution pour réaliser des économies, surtout si elles ont les mêmes goûts vestimentaires que vous.
De plus, c'est plus facile que d'acheter sur Internet. Pour cela, il suffit de transformer votre salon en showroom pour une soirée, de prévoir quelques petites choses à grignoter et d'inciter vos copines à acheter, acheter, acheter. Pratiquez des prix raisonnables : il s'agit de vos amies quand même !

Les grandes occasions

« Comme je n'avais pas les moyens de m'acheter une robe de mariée, j'ai emprunté celle de ma sœur. Au début, j'avais peur que tout le monde trouve cela mesquin. Mais ma sœur m'a aidée à l'accessoiriser pour qu'elle soit différente. L'année prochaine, la fiancée de notre frère va la porter elle aussi. Du coup, c'est presque devenu une tradition familiale. Maintenant, ma sœur espère qu'un jour, ses filles la porteront elles aussi. »

Lucie, 30 ans

Mariages, anniversaires, soirées boulot élégantes, fêtes de Noël : tous ces événements sont susceptibles de faire exploser le budget shopping de la plus raisonnable des paresseuses. C'est la raison pour laquelle on a inventé… le prêt ! Empruntez vêtements et accessoires à vos amies et aux membres de votre famille, et prenez l'habitude de prêter vos merveilles. C'est la solution idéale pour être *absolutely fabulous* sans dépenser un centime – à condition, bien sûr, de prendre soin de ce qu'on vous a prêté et de remplacer ou réparer ce que vous aurez endommagé.

Un peu plus coûteuse, la location de tenues est une excellente stratégie si vous êtes invitée à plusieurs événements où vous retrouverez les mêmes personnes. On peut aussi louer sacs à main, chaussures et accessoires. L'idée de porter des choses qui ne vous appartiennent pas vous déplaît ? Offrez-vous une robe (à prix raisonnable, s'entend !) qui fera l'affaire pour les mariages, les enterrements et les soirées. La petite robe noire constitue souvent la meilleure solution ; choisissez alors un modèle classique, avec une petite touche mode. Pour la transformer un peu d'une fois sur l'autre, achetez des accessoires pas trop chers – foulards, bijoux, chaussures et sacs à main –, ou bien gardez vos sous pour vous offrir le coiffeur et un maquillage de pro.

Être belle sans se ruiner

Lotions, crèmes, parfums et soins, souvent, notre budget beauté n'a pas de limites. Or la maîtrise de ce poste budgétaire permettrait à nombre de paresseuses d'être beaucoup moins désargentées (ou du moins d'avoir des sous à consacrer à des choses autrement plus tangibles).

LE SAVIEZ-VOUS ?

Selon des études récentes, le montant moyen dépensé par les femmes en produits de beauté au cours de leur existence atteint le total incroyable de plus ou moins 150 euros par mois.

Pas besoin d'avoir fait des études de finance internationale pour calculer qu'en consacrant une part élevée de ses revenus (disons simplement

20 %) à son budget beauté, on va droit à la catastrophe. Même si vous n'êtes pas endettée, l'excès de dépenses dans ce domaine vous privera de liquidités pour l'avenir (c'est-à-dire pour le jour où vous aurez envie de vous marier, d'acheter une maison et d'avoir des enfants) et vous empêchera de vivre l'existence à laquelle vous aspirez. Vous vous êtes serré la ceinture pour vos dépenses alimentaires ? Vous avez fait un budget pour vos sorties ? Vous avez limité vos dépenses de déco ? Et vous ne savez toujours pas où passent vos sous ? La réponse est très simple : regardez donc dans l'armoire de votre salle de bains.

Le problème des produits de beauté, c'est qu'ils provoquent une véritable addiction. Ils sont si joliment emballés, ils sentent si bon et leur texture est si agréable qu'il est bien difficile de faire la part des choses entre un produit dont on a *besoin* et un produit dont on a *envie.* Cette confusion est bien évidemment le fruit d'une stratégie des industries cosmétiques, qui ne cessent d'asséner aux femmes qu'elles sont sur le déclin et que seuls leurs produits pourront les sauver. Cela vaut donc la peine de savoir que l'on peut réduire ses dépenses somptuaires dans ce domaine, sans pour autant renoncer au plaisir d'être belle et de prendre soin de soi. Même les passionnées de grandes marques et de produits hors de prix pourront se sentir belles, se sentir bien et sentir bon sans faire chauffer leur carte bancaire comme une millionnaire tous les mois.

Règle n° 1 : j'oublie toutes les idées reçues

Avant toute chose, oubliez toutes les idées reçues et sachez qu'il y a un monde entre ce dont vous *pensez* avoir besoin et ce dont vous *avez* réellement besoin.

Idée reçue : les crèmes anti-âge permettent de rajeunir

Il n'existe aucun ingrédient miracle permettant à une crème anti-âge de faire rajeunir de plusieurs années. En fait, toutes les crèmes anti-âge ont la même composition, exception faite de leur ingrédient « magique » spécifique. Toutes hydratent et toutes contiennent des ingrédients qui donnent une sensation immédiate de raffermissement en séchant. Il faut savoir que les composantes dont l'efficacité sur les rides a été démontrée dans le cadre d'essais cliniques ne peuvent être utilisés en concentrations élevées dans ces crèmes, car elles entreraient alors dans la catégorie des médicaments, et non plus des cosmétiques. Vous voulez un conseil anti-âge efficace et bon marché ? Le voici : ne gaspillez plus votre argent, contentez-vous d'utiliser une protection solaire et ne vous exposez pas au soleil.

Idée reçue : les crèmes et les lotions raffermissantes chères sont efficaces contre la cellulite

Ah, si seulement c'était vrai… La cellulite, c'est de la graisse qui s'est déposée sous la peau, prenant une texture bosselée en surface. Ce phénomène est avant tout héréditaire. Par conséquent, peu importe que vous soyez grosse ou mince, que vous fumiez, que vous buviez du café (ou autres idées reçues). Si c'est dans vos gènes, vous aurez de la cellulite et vous ne pourrez vous en débarrasser. Toutefois, une crème hydratante toute simple permet d'estomper l'effet « peau d'orange », en rendant la cellulite un peu moins visible car l'effet du massage relance la circulation. Maintenant, n'attendez pas de miracle ça se saurait !

Idée reçue : quand on se rase, les poils repoussent plus vite et plus drus

Si vous préférez l'épilation au rasage, cela vaut la peine de savoir ceci : bien qu'on ait l'impression que les poils rasés repoussent plus épais et plus drus, c'est faux.

Le rasage n'a aucune incidence sur l'épaisseur ni sur la densité du poil. Simplement, les poils qui repoussent paraissent plus drus parce que leur pointe a été coupée. De la même manière, si les poils rasés repoussent plus vite, c'est parce que seule l'extrémité a été coupée, alors que l'épilation arrache les follicules : les poils mettent donc plus longtemps à repousser. Pour réduire les frais, limitez le nombre d'épilations et rasez jambes et aisselles entre deux visites chez l'esthéticienne.

Idée reçue : les produits haut de gamme permettent de resserrer les pores de la peau

Non, on ne peut pas changer la taille des pores. En revanche, il est possible de les rendre moins visibles, et pour cela, vous n'avez pas besoin de produits hors de prix. L'eau froide, les glaçons, voire le blanc d'œuf, tendent la peau, donnant l'illusion de pores plus resserrés, pour un temps limité.

Idée reçue : il faut utiliser une crème de nuit et une crème de jour

Laissez donc les vendeuses de cosmétiques vous raconter ce qu'elles veulent. En fait, les crèmes de nuit ne sont rien d'autre que des produits très hydratants. À moins d'avoir vraiment une peau ultra-sèche, on peut parfaitement appliquer sa crème de jour habituelle avant d'aller se coucher.

Règle n° 2 : je limite les soins en institut

Si vous allez plusieurs fois par mois (voire par semaine) dans un salon de beauté, réduisez la facture en faisant diverses choses vous-même :

- épilation des jambes et du maillot ;
- épilation des sourcils ;
- manucure/pédicure ;
- application d'autobronzant ;
- soins du visage.

Trois soins en institut par mois suffisent à engloutir une fortune (surtout si vous achetez les produits recommandés après chaque soin).

Vous aimeriez faire un soin vous-même mais vous ne savez pas comment procéder ? Demandez à une amie qui maîtrise la technique de vous montrer, ou bien entraînez-vous sur une petite surface, jusqu'à ce que vous ayez pris le coup de main. Celles qui n'ont pas envie de renoncer à ces moments beauté doivent faire la part des choses entre ce qu'il est préférable de confier à une pro et ce que l'on peut fort bien effectuer toute seule. Par exemple, faire faire sa couleur par un coiffeur est un bon investissement, car on peut complètement rater son coup à la maison, et il suffit d'y aller toutes les six semaines. Préférez cela à un brushing et une manucure par semaine. Après tout, l'idée est de réduire les dépenses, pas de renoncer totalement aux menus plaisirs de l'existence.

LE SAVIEZ-VOUS ?

Aux États-Unis, l'industrie des cosmétiques et des produits de toilette pèse 66 milliards de dollars. En Italie, ce marché représente 9 milliards d'euros et en France, 6,5 milliards, (en 2006).

Règle n° 3 : je me lance et je fabrique mes produits moi-même

D'accord, fabriquer soi-même ses rouges à lèvres et son fond de teint serait pour le moins difficile et prendrait un temps fou. Il n'empêche qu'il existe toute une palette de produits que l'on peut faire soi-même, avec des ingrédients naturels et disponibles dans toutes les cuisines. Essayez donc ce qui suit.

• Pour un gommage pour le visage et pour le corps

Prenez du gros sel, qui permet de retirer les petites peaux mortes.
Il suffit de mouiller le visage, d'étaler une cuillère à soupe de gros sel sur la peau du visage puis de masser doucement du bout des doigts (évitez

le contour des yeux et d'éventuelles écorchures). Au bout d'une minute, lavez-vous le visage avec un gant de toilette et de l'eau tiède.

• Pour un masque bonne mine

Mélangez une cuillère à soupe d'huile d'olive et deux cuillères à soupe de crème fraîche. Étalez la préparation sur votre visage et laissez reposer dix minutes. Puis lavez-vous le visage à l'eau tiède.

Autre idée : le masque à la carotte. Coupez deux ou trois grosses carottes en morceaux, faites-les cuire et écrasez-les. Laissez refroidir. Ajouter deux cuillerées à soupe de miel et une demi-pomme râpée, puis appliquez le mélange sur votre visage. Laissez poser dix minutes, puis lavez-vous le visage à l'eau froide.

• Pour de beaux pieds

Versez une demi-tasse de jus de citron dans un bol et ajoutez deux cuillerées à soupe d'huile d'olive, une cuillerée à soupe de lait et quelques gouttes d'huile essentielle, par exemple de lavande ou d'arbre à thé. Mélangez, puis versez le mélange dans un grand récipient ou dans votre baignoire, et remplissez d'eau jusqu'à ce qu'il y en ait suffisamment pour prendre un bain de pieds. Plongez-y vos pieds pendant vingt minutes, puis lavez-les à l'eau et au savon (pour enlever l'huile). Vous aurez la peau ultra-douce.

• Pour blanchir vos ongles

Appliquez un peu de dentifrice blanchissant bon marché sur l'extrémité de vos ongles puis frottez avec une brosse à ongles. Cela permet de retirer les taches et de rendre les ongles plus brillants. S'ils sont décolorés par l'utilisation de vernis, mettez-les à tremper dans de l'eau citronnée (deux parts de jus de citron pour une part d'eau). Le citron enlèvera les taches.

• Pour hydrater vos mains

Mélangez une cuillerée à soupe d'huile d'olive et une cuillerée à soupe de sucre en poudre, puis appliquez la préparation sur vos mains en massant. Laissez pénétrer pendant quelques minutes, puis lavez-vous les mains avec un savon doux.

• Pour offrir un soin à vos cheveux

Enduisez-les d'huile d'olive (allez-y doucement, une cuillerée à soupe d'huile suffira).
Enveloppez vos cheveux dans une serviette-éponge chaude et laissez poser dix minutes. Ensuite, faites votre shampooing et utilisez votre après-shampooing, comme d'habitude.

Pour vous démaquiller

Laissez tomber mouchoirs en papier et cotons démaquillants au profit d'un gant de toilette. C'est bon marché, réutilisable et bien meilleur pour la peau. Lavez-vous le visage avec votre produit habituel, puis rincez à l'eau tiède, à l'aide du gant de toilette. Le tissu fera un gommage de la peau, en douceur.

Règle n° 4 : je réduis les dépenses de maquillage

Difficile de s'imposer des restrictions budgétaires sur le poste « maquillage », surtout quand on est habituée aux marques haut de gamme et qu'on est convaincue que les produits bon marché sont moches et de mauvaise qualité. Comme pour tous les autres articles, l'astuce consiste à panacher intelligemment. Identifiez les produits sur lesquels vous n'êtes pas prête à faire des concessions – par exemple, le fond de teint et la poudre – puis achetez les produits accessoires dans des gammes moins coûteuses, comme les ombres à paupières et les vernis à ongles.

Mentionnons toutefois une évidence : un produit cher n'est pas forcément de meilleure qualité que son équivalent bon marché. Il existe un mascara très bon marché, distribué aux quatre coins du monde, qui est utilisé par les professionnels du maquillage et par les célébrités. Cette merveille coûte un tiers du prix des grandes marques. Les amatrices de maquillage seront donc bien avisées d'essayer des produits et de lire la presse pour trouver des conseils.
Voici d'autres astuces.

• Utilisez de la vaseline comme brillant à lèvres

Appliquez-en au pinceau sur votre rouge à lèvres : cela donne le même effet qu'un gloss.

• Faites des réserves d'échantillons

Ils sont gratuits, ils ne prennent pas de place dans une trousse de toilette et ils rendent de précieux services quand nos produits habituels touchent à leur fin et que nous n'avons pas les moyens d'en racheter (bien évidemment, mieux vaut éviter d'expliquer à la vendeuse qui vous en propose l'usage que vous comptez en faire !).

• Achetez les versions bon marché des produits haut de gamme

Tout aussi efficaces, ils sont moitié moins chers. Essayez aussi les produits sans marque (presque toutes les grandes surfaces proposent des gammes de maquillage bon marché). L'astuce est de les essayer pour vous faire votre propre opinion.

• Faites des échanges avec vos copines

Nous avons toutes au moins trois produits non utilisés au fond de nos tiroirs. Organisez une soirée maquillage, où chacune pourra essayer les produits des unes et des autres.

• Pour une occasion spéciale

Allez dans un grand magasin et faites-vous maquiller. Attention, il va falloir être forte et résister au discours de la maquilleuse qui cherchera à vous vendre des produits ! Si vous craquez, prenez le produit le moins cher. Cette formule reste malgré tout un bon moyen de se faire belle à peu de frais (et de glaner au passage quelques conseils).

• Utilisez vos produits jusqu'à la fin

Servez-vous d'un petit pinceau pour prélever le rouge à lèvres au fond du tube, taillez les crayons jusqu'au bout, mettez vos flacons à l'envers pour utiliser la dernière goutte de produit, etc. D'accord, cela paraît évident, mais je suis sûre que vous ne le faites pas toujours !

• Achetez des produits deux-en-un

Fonds de teint-poudres, baumes à lèvres et à joues, et aussi cette bonne vieille vaseline, qui permet de maîtriser des sourcils rebelles et de donner de l'éclat aux pommettes (à utiliser avec parcimonie, dans les deux cas).

• Souvenez-vous que les produits chers ne font pas pour autant des miracles

Les vernis à ongles des marques finissent eux aussi par s'écailler, les rouges à lèvres chers ne tiennent pas plus longtemps que leurs équivalents bon marché, et si vous dansez comme une dératée jusqu'au bout de la nuit, votre visage sera brillant, quelle que soit la poudre utilisée. Commencez donc par utiliser des produits bon marché et montez en gamme s'ils ne vous donnent pas satisfaction.

• Si vous trouvez les pinceaux de maquillage trop chers

Allez dans un magasin de fournitures pour les beaux-arts, vous y trouverez un vaste choix de pinceaux, qui conviennent parfaitement pour le maquillage.

• Enfin, réduisez le nombre de produits utilisés

Une trousse de maquillage contient en moyenne douze articles (et encore, il s'agit d'une trousse basique, sans choix) : fond de teint, poudre, anticernes, eyeliner, mascara, ombre à paupières, crayon à sourcils, crayon pour les yeux, crayon pour les lèvres, rouge à lèvres, gloss et blush. Vous servez-vous vraiment de tous ces produits ? En avez-vous besoin ? Quels sont ceux que vous n'utilisez jamais ? Ceux dont vous pourriez vous passer ? Réduisez le nombre de produits, vous économiserez une fortune.

Comment être canon sans se ruiner

Question : pourquoi est-ce que nous dépensons toutes de vraies fortunes en maquillage, produits de beauté et soins en institut ? Réponse : pour être belles au quotidien et canon quand nous sortons. Or il est possible d'y parvenir sans se ruiner (exception faite de certains maquillages et du parfum, très chers), à condition de respecter certaines règles d'or.

Règle d'or n° 1 : veillez à ce que vos cheveux soient au top

Investissez dans une bonne coupe, mais pensez aussi à prendre soin de votre chevelure, ce qui ne veut pas dire acheter plus de produits et pratiquer plus de soins, mais simplement faire attention à ce que vous mettez dessus. Les fers lissants brûlants, les abus de couleurs et l'accumulation de produits finissent par rendre les plus beaux cheveux ternes et plats.

Vous sortez mais vous n'avez pas le temps de vous laver les cheveux ? Ayez recours au meilleur ami de la paresseuse : le shampooing sec. Ce produit ressemble à un genre de talc (mais ça n'en est pas). Appliqué sur les cheveux, il absorbe le sébum. Résultat : les cheveux sont beaux et ils sentent bon – enfin, au moins le temps d'une soirée. Si vous n'avez pas de shampooing sec sous la main, faites-vous un brushing sur la pointe des cheveux, à l'air froid (mieux encore, faites-le la tête en bas), puis coiffez-vous : le tour est joué.

Règle d'or n° 2 : prenez soin de votre peau

Ce qui ne signifie pas qu'il va falloir faire des soins du visage à tout bout de champ et utiliser des crèmes tellement chères que vous serez au pain sec et à l'eau pendant une semaine. Simplement, faites le nécessaire pour avoir une belle peau. Boire de l'eau minérale ne donne pas un teint parfait (contrairement à ce qu'affirment certains top models). En revanche, cela repulpe le visage et donne une mine fraîche et éclatante. Toutefois, le meilleur conseil qui soit, c'est d'utiliser systématiquement une protection indice 15 pour aller au soleil. En effet, le soleil est le premier responsable du vieillissement de la peau. De plus, il rend la peau terne et brillante, et il donne des rides. Préférez les produits sans marque, surtout si vous avez une peau sans problèmes particuliers.

Règle d'or n° 3 : efforcez-vous d'avoir l'air en forme

Le manque de sommeil, une mauvaise alimentation et la déshydratation (surtout lorsqu'elle est due à l'alcool) donnent une mine terne, l'air lessivée et fatiguée, bref, pas du tout à votre avantage, quelle que soit la quantité de maquillage utilisée.

Vous vous apprêtez à investir dans des produits ruineux ? Souvenez-vous qu'une bonne hygiène de vie est un élément essentiel de la beauté et qu'aucun produit ne pourra effacer des années d'abus.

Règle d'or n° 4 : abandonnez vos mauvaises habitudes

La cigarette et l'alcool n'ont pas leurs pareils pour enlaidir. Quelles que soient les fortunes dépensées en cosmétiques, vous ne serez jamais rayonnante et sublime si vous forcez sur la cigarette et l'alcool. Tous deux déshydratent la peau, sentent mauvais et pèsent lourd sur vos finances.

20 BONS PLANS POUR ÊTRE UNE FASHIONISTA SUBLIME POUR PAS CHER

1. Fuyez les cabines d'essayage

Des études ont montré que nous avons deux fois plus de chances d'acheter un vêtement si nous l'avons essayé. La probabilité augmente encore quand on sollicite l'aide d'une vendeuse.

2. Faites vos courses avec une liste

Que vous achetiez des produits de beauté, du maquillage ou des vêtements, faites systématiquement une liste pour ne pas succomber à la tentation de merveilles non indispensables qui plomberaient votre budget.

3. Demandez une remise

Pour faire des économies tout en dépensant de l'argent, essayez systématiquement de négocier les prix. Il n'y a pas de honte à cela. Votre chance d'obtenir gain de cause sera d'autant plus élevée que vous êtes une cliente régulière, que vous achetez plusieurs articles à la fois ou que vous êtes dans une boutique en quête de nouveaux clients.

4. Allez dans les centres de formation pour coiffeurs et maquilleurs

Les personnels en formation, systématiquement encadrés par des pros, ont besoin de modèles pour s'entraîner. Si vous préférez être prise en charge par des professionnels plutôt que par des élèves, allez dans un quartier où il y a beaucoup de coiffeurs et d'instituts de beauté : vous aurez plus de chances d'obtenir une remise.

5. Faites les soldes des grandes marques

Presque toutes les boutiques font des soldes intéressants, où des articles anciens, mais aussi de la saison en cours, sont bradés. Vous ne serez peut-être pas à la pointe de la mode, mais c'est une excellente formule pour trouver des vêtements classiques à prix cassés.

6. Louez ce qui n'est pas dans vos moyens

Vous ne pouvez pas vous permettre d'acheter un article qui vous fait rêver ? Dans ce cas, pourquoi ne pas le louer le temps d'une soirée, d'une semaine ou d'un mois ? Sur Internet, quantité de sites proposent des sacs à main de marques et beaucoup d'autres articles.

7. Fréquentez les magasins d'usine

Les magasins d'usine de vos marques préférées peuvent vous faire économiser beaucoup d'argent. Ils sont souvent situés en banlieue : allez-y à plusieurs, en fin ou en début de saison. Mais n'oubliez pas la règle d'or : si vous n'en avez pas vraiment besoin, ce n'est pas une affaire !

8. Appliquez la règle des 70/30

Toutes celles qui ont des fins de mois difficiles seraient bien inspirées d'appliquer la règle des 70/30, à savoir 70 % d'articles classiques et 30 % d'articles mode, achetés à petits prix (souvenez-vous que l'année prochaine, vous ne les porterez plus).

9. Faites une descente dans l'armoire de votre mère

Vous serez étonnée du nombre de merveilles que vous y dénicherez, surtout pour les accessoires comme les sacs à main, les ceintures et autres bijoux. Jetez aussi un coup d'œil à ce qu'elle a mis au rebut et à ses articles « vintage » : il y a peut-être des trésors qui s'ignorent.

10. Lisez attentivement les étiquettes comportant les indications de lavage

Un vêtement bradé qui se nettoie à sec finira par coûter une fortune en pressing – à moins qu'il n'atterrisse au fond d'un placard –, alors avant d'acheter un article en solde ou dans une braderie, assurez-vous qu'il est facile à entretenir et à nettoyer.

11. Tenez compte du ratio coût par utilisation

Pour obtenir le ratio coût par utilisation, il faut diviser le prix d'un article par le nombre de fois que vous pensez le porter. Plus l'article est porté souvent, plus ce coût diminue. C'est un excellent critère pour les passionnées de shopping, car il les force à se concentrer sur l'usage qu'elles feront de cet article. Attention ! cette théorie s'applique aux basiques d'une garde-robe, pas aux articles *trendy* qu'on ne porte pas plus de trois mois.

12. Connaissez votre taille et votre pointure

Vous seriez surprise de découvrir le nombre de personnes qui ne connaissent pas leur taille ni leur pointure… Acheter un vêtement qui n'est pas à la bonne taille, c'est jeter de l'argent par les fenêtres : vous risquez de ne pas pouvoir l'échanger contre la taille qui vous va, de perdre votre ticket de caisse ou d'être obligée d'accepter un avoir (et de devoir choisir autre chose dans la boutique).

13. Sachez ce qui vous va

Pour cela, la meilleure solution est d'aller faire la tournée des magasins avec une amie qui s'y connaît en vêtements – pas celle qui est habillée à la dernière mode, mais celle qui est toujours classe, que ce soit en jean ou habillée. Commencez par passer en revue votre « garde-robe » avec elle, pour noter les formes, les styles et les marques qui vous vont le mieux. Ensuite, allez faire vos emplettes.

14. Constituez-vous une garde-robe de base

Il faut avoir six à huit basiques, qui formeront l'ossature de votre garde-robe, par exemple (en fonction de votre mode de vie) : un jean, un chemisier blanc, des chaussures à talons, une robe noire, un manteau, un pull, un pantalon noir et des escarpins à talons moyens. Chaque saison, actualisez cette garde-robe basique à l'aide de nouveautés moins coûteuses, comme des accessoires et des tee-shirts. Ces basiques doivent être de qualité et durer une éternité.

15. Ne gaspillez pas votre parfum

Pour accroître la longévité d'un flacon de parfum, n'en pulvérisez pas partout (ça serait du gaspillage). Sachez qu'un parfum tient plus longtemps sur une peau hydratée. Par conséquent, appliquez une crème bon marché (de préférence non parfumée) sur votre peau, attendez qu'elle ait pénétré puis parfumez-vous.

16. Faites réaliser des vêtements

Vous venez d'avoir un coup de cœur pour un vêtement de marque hors budget ? Une solution consiste à le faire faire ; si vous êtes prête à faire le tour des magasins pour trouver un tissu relativement bon marché, il vous en coûtera peut-être la moitié du prix.

17. Renoncez au Botox® et autres combleurs dermiques

Même si on vous propose de payer en plusieurs fois, ces traitements coûtent cher. De plus, une fois qu'on a commencé, il est difficile de s'arrêter…

18. Prenez soin de vos vêtements et de vos produits de toilette

La saleté endommage les tissus et peut donner au plus beau des vêtements une odeur désagréable dont vous n'arriverez plus à vous défaire. Veillez donc à ce que vos vêtements restent propres. De la même manière, ne laissez pas vos produits de toilette et de maquillage ouverts : ils pourraient entrer en contact avec des bactéries susceptibles de les faire tourner.

19. Faites du neuf avec de l'ancien

Les jolis tissus de vos robes et de vos hauts connaîtront une seconde jeunesse si vous les transformez en coussins, en sacs du soir ou en trousse de maquillage (celles qui ne savent pas coudre feront appel aux bonnes volontés de leur entourage).

20. Inscrivez-vous à un cours de couture

La solution idéale pour rester une fashionista et pour arrondir ses fins de mois (en réalisant les vêtements des copines) tout en étant bien habillée douze mois sur douze.

chapitre 5

Comment devenir une pro de la déco sans se ruiner

Et si vous leviez le pied ?

Récemment encore, l'achat d'un logement était un excellent placement permettant de faire fructifier son argent – et accessoirement un moyen de montrer à la terre entière qu'on était une femme de goût. Mais les temps ont changé. Si vous aimiez dépenser des sous et vous offrir de belles choses pour la maison, il est probable que vous allez être contrainte de lever le pied sur vos dépenses, et *fissa*.

Certes, il est agréable de vivre dans un logement regorgeant de mille et une merveilles, et délicieusement parfumé de surcroît. Mais la déco a tôt fait de coûter une fortune, par exemple en faisant exécuter par d'autres ce que l'on pourrait parfaitement faire soi-même, en achetant bougies, coussins, plaids et autres choses dont on n'a pas vraiment besoin, ou en faisant exploser sa facture d'électricité parce qu'on aime se promener en tee-shirt en plein hiver ou mettre la climatisation à fond en été. Bref, autant dire que pour toutes les paresseuses ayant l'intention de faire des économies, le logement est un excellent poste budgétaire à revoir.

« Je crois qu'il est intéressant de se demander pourquoi on veut un intérieur qui en jette. Personnellement, je dépensais une fortune en déco. Un beau jour, j'ai compris que je ne le faisais pas pour moi, mais pour impressionner mes amis et ma famille. En fait, je me suis endettée jusqu'au cou, simplement pour qu'on me fasse des compliments. »

Fiona, 30 ans

Faites un audit de votre poste budgétaire « maison »

Savez-vous où passe l'argent consacré à votre logement ? Dépensez-vous beaucoup en déco ? Payez-vous une fortune pour vos charges comme l'eau, l'électricité, le téléphone, etc. ? Si vous êtes une authentique paresseuse, il est probable que la simple idée de vous plonger dans l'étude de vos factures et de décortiquer vos dépenses consacrées à la maison vous épuise déjà. Toutefois, un seul après-midi pourrait vous faire économiser des centaines, voire des milliers d'euros, qui pourraient être soit épargnés, soit dépensés de manière autrement plus intéressante.

Voici comment procéder.
Reprenez toutes vos factures de l'année dernière (ou au moins les plus récentes) et notez ce que vous dépensez chaque mois pour les postes suivants :

- gaz ;
- eau ;
- électricité ;
- assurances ;
- téléphone ;
- téléphone portable ;
- assurance logement ;
- assurance voiture ;
- Internet.

Maintenant, regardez autour de vous et faites une estimation de ce que vous avez dépensé au cours du mois écoulé en :

- meubles ;
- déco ;
- bougies et photos ;
- accessoires de cuisine.

Ensuite, regardez à nouveau autour de vous et notez ce que vous avez dépensé au cours du mois écoulé en :

- produits d'entretien ;

– services : ménage, nettoyage de fenêtres, bricolage, jardinage, etc. ;
– plantes et jardin (y compris mobilier de jardin et chaises longues) ;
– animaux de compagnie (sans compter leur nourriture) ;
– location DVD ;
– télévision câble ou satellite.

Additionnez les trois postes précédents pour déterminer vos dépenses mensuelles pour la maison. La découverte du total a sans doute provoqué un choc. Sachez qu'il existe quantité de solutions indolores pour changer la situation. La première chose à faire est de savoir où part votre argent et pourquoi. Autrement dit, il faut déterminer combien d'énergie vous gaspillez, combien d'argent vous dilapidez et donnez (nous reviendrons là-dessus plus tard) et combien vous dépensez pour faire exécuter par des intervenants extérieurs des tâches que vous pourriez parfaitement réaliser vous-même. Une maison bien tenue, à moindre coût, c'est un concept qui vous rappelle votre grand-mère ? Il n'empêche que c'est efficace !

Économies d'énergie = économies d'argent

LE SAVIEZ-VOUS ?

8 % de l'électricité consommée par l'électroménager l'est pendant que les appareils sont en veille, ce qui représente 1 million de tonnes de CO_2 supplémentaires émis chaque année dans l'atmosphère. Par conséquent, éteignez chargeur de téléphone, télévision, lecteur de DVD et chaîne stéréo au lieu de les laisser en veille.

Pour réduire la facture d'électricité, il faut savoir quels sont les appareils qui consomment beaucoup. Vous pourrez alors les utiliser moins souvent, voire pas du tout.

- Le sèche-linge est gourmand en électricité, surtout si l'on s'en sert pour un ou deux vêtements ! Faites sécher votre linge en plein air, ou sur des cintres ou un séchoir installés à proximité d'un radiateur ;
- Les fours sont eux aussi de gros consommateurs : si possible, utilisez plutôt un micro-ondes ou une cuisinière (de plus, c'est plus rapide) ;
- Un sèche-cheveux consomme autant d'électricité qu'un four à micro-ondes. Alors ne vous lavez pas les cheveux tous les jours (un shampooing tous les trois jours seulement est meilleur pour les cheveux) et séchez-les à la serviette avant d'utiliser le sèche-cheveux ;
- Les fers à lisser sont eux aussi très énergivores – et mauvais pour les cheveux. Utilisez plutôt une brosse et un sèche-cheveux ;
- Achetez des ampoules à basse consommation. Plus chères à l'achat, elles durent douze fois plus longtemps. À long terme, elles coûtent donc moins cher et permettent de maîtriser la consommation d'électricité ;
- Mettez un pull et baissez le chauffage. En diminuant la température de un degré, on économise dans l'année de quoi s'offrir une nouvelle paire de chaussures !
- Vérifiez l'état de votre toiture et de vos fenêtres, et prévoyez des travaux d'isolation si nécessaire ; 15 % de la déperdition de chaleur dans un logement est due aux courants d'air ;
- Préférez les douches aux bains, qui coûtent deux fois plus cher en eau et en énergie ;
- Remplissez votre réfrigérateur. En effet, un frigo plein consomme moins qu'un frigo vide ;
- Ne mettez pas votre téléphone portable/iPod/MP3 à recharger toute la nuit, et ne laissez pas votre ordinateur allumé 24 heures/24. La plupart des appareils se rechargent en quelques heures (voire moins). S'ils restent branchés toute la nuit, ils consomment de l'électricité pour rien.

Soyez futée

« Je n'avais pas la moindre envie de plonger le nez dans mes factures, à tel point que je me contentais de les payer, sans y prêter attention. Et puis un jour, une amie m'a annoncé qu'elle partait à New York avec l'argent qu'elle avait économisé en un an en changeant de fournisseurs. Je n'en revenais pas. Et j'ai décidé de faire pareil. D'accord, ça prend du temps, mais quand on est déterminée à faire des économies pour un projet vraiment exaltant, le jeu en vaut la chandelle. »

Sam, 30 ans

Ne faites pas preuve de loyauté vis-à-vis de fournisseurs qui augmentent leurs tarifs. Au contraire, profitez de la libéralisation du marché de l'énergie et changez de crémerie. Pour cela, comparez les tarifs sur Internet. Vous pourriez économiser des centaines d'euros par an. Vous pouvez changer de fournisseur quand vous le souhaitez (attendez toutefois d'avoir reçu une première facture) et rien ne vous oblige à rester « captive » de l'un d'eux. Lisez malgré tout ce qui est écrit en petits caractères dans le contrat, et renseignez-vous bien avant de vous lancer, il y a toujours des conditions. Comme les opérateurs de téléphonie mobile, les sociétés fournissant de l'énergie proposent différentes formules. Vous pouvez même recourir à une entreprise pour l'électricité et à une autre pour le gaz. Certaines proposent également des tarifs fixes pendant une durée déterminée, ce qui vous met à l'abri des augmentations, mais empêche également de profiter des baisses.

Optez pour une box Internet

Des dizaines de fournisseurs proposent des abonnements incluant la télévision, le téléphone illimité vers les fixes et certains pays étrangers et l'ADSL, ce qui revient beaucoup moins cher que d'avoir plusieurs fournisseurs différents. Alors pourquoi continuons-nous souvent à fonctionner ainsi ? Eh bien, par habitude et par paresse. Les paresseuses que nous sommes ont la flemme de comparer, de chercher la bonne affaire et de changer leurs habitudes. C'est bête, parce que cela permet d'économiser beaucoup d'argent. En réalité, il n'y a pas grand-chose à faire : dans la plupart des cas, il suffit de s'abonner et le nouveau fournisseur s'occupe de tout.

Comment payez-vous vos factures ?

Avez-vous choisi la mensualisation afin de répartir vos dépenses sur l'année ? C'est une option intéressante si vos factures sont élevées et si vous avez du mal à faire vos comptes. Toutefois, il est également possible que vous payiez trop : si votre consommation ou les tarifs ont baissé, les premières mensualités seront trop élevées. Vérifiez tous vos débits sur une année, additionnez les montants puis divisez la somme par douze pour trouver le coût mensuel. Dans certains cas, il est plus intéressant de mettre de l'argent de côté tous les mois, sur un compte rémunéré, puis de payer ses factures tous les trois mois, à partir de ce compte.

Certains fournisseurs font payer à leurs clients des frais de gestion en cas de mensualisation. Il est alors préférable de payer l'intégralité de la somme due à la date d'échéance au lieu de la répartir sur l'année.

Le téléphone portable

La première chose à faire pour réduire le montant de vos factures est de regarder de plus près l'usage que vous faites de votre téléphone. Les forfaits incluant un certain nombre d'heures de communication et de SMS sont intéressants, sauf si on ne s'en sert pas ! Cela s'appelle payer pour rien. De la même manière, en cas de dépassement de votre forfait tous les mois, il serait sans doute judicieux d'opter pour l'offre supérieure et ainsi éviter le paiement de minutes hors forfait.

LE SAVIEZ-VOUS ?

On compte 3,3 milliards d'abonnements mobiles dans le monde, ce qui représente *grosso modo* la moitié de la population mondiale (même si certaines personnes ont plusieurs abonnements ou au contraire des abonnements inactifs). La téléphonie mobile est devenue la technologie la plus répandue au monde et le portable l'appareil électronique le plus courant.

Pour obtenir l'abonnement le plus intéressant, négociez avec votre opérateur. Expliquez-lui que vos dépenses mensuelles sont trop élevées pour l'usage que vous faites du téléphone et demandez-lui de vous proposer une offre plus intéressante, faute de quoi vous iriez voir ailleurs. Si vous avez pris un engagement pour un ou deux ans, sachez que cela ne vous empêche pas de changer de tarif.

Vérifiez tout ce que vous annonce l'opérateur (que vous devez vous engager pour une année supplémentaire pour bénéficier d'un nouveau tarif, payer pour changer de forfait, prendre une assurance payante, etc.). Les forfaits de téléphonie mobile sont souvent mal expliqués aux clients. Si une info vous paraît bizarre, renseignez-vous auprès d'associations de consommateurs avant de signer.

Ne souscrivez pas à une assurance lors de l'achat d'un mobile. Les commerces qui cherchent à vous vendre une assurance avec le téléphone ne proposent généralement pas des offres intéressantes. Ne vous laissez pas convaincre par les arguments anxiogènes du vendeur : il cherche à obtenir sa commission, c'est tout !

Ne prenez pas systématiquement le nouveau téléphone qu'on vous propose. D'accord, vous aurez un appareil dernier cri, mais en avez-vous vraiment besoin si le vôtre n'a que douze mois ? De plus, est-il vraiment gratuit ? Comparez le prix de l'abonnement avec et sans téléphone, et voyez combien coûte l'appareil. La formule sans téléphone revient souvent moins cher. Demandez également à l'opérateur s'il consent une remise aux clients qui conservent leur ancien téléphone. Il est possible que vous puissiez bénéficier d'une remise ou d'un tarif moins élevé.

Interrogez-vous sur ce qui vous pousse à opter pour une offre donnée. Le marché de la téléphonie mobile est extrêmement compétitif (ce qui explique que tant de gens aient plusieurs téléphones et même, incroyable mais vrai, plusieurs forfaits). Donc si vous êtes tentée de souscrire un abonnement en raison d'une promotion exceptionnelle ou d'un cadeau, lisez attentivement les termes du contrat avant de signer quoi que ce soit.

Ne comptez pas trop sur la spéculation immobilière pour vous enrichir

Vous espérez acheter un bien immobilier en ruine et voir sa valeur tripler en un an ? Vous aimeriez louer un appartement pour une bouchée de pain et économiser ainsi suffisamment d'argent pour prendre votre retraite à 35 ans ? Hum…

Désolée, mais ces temps sont révolus (pour le moment). Ce qui veut dire que toutes celles qui avaient l'intention de s'enrichir grâce à une opération immobilière sont mal parties.

La bonne nouvelle, c'est que quel que soit l'endroit où vous vivez actuellement, si vous êtes raisonnable et si vous payez votre loyer/remboursez votre emprunt immobilier, vous n'aurez pas de problèmes, à condition toutefois de ne pas dilapider tout votre argent durement gagné pour refaire la déco. Certes, un logement a besoin d'être entretenu et meublé, mais on n'assainit pas ses finances en s'entourant de tissus de créateurs et de tableaux de maître, ni en vivant dans un cadre digne d'un magazine de déco. Je ne suis pas en train de vous conseiller de vivre à même le sol, avec pour seul décor une ampoule électrique qui pend du plafond. Simplement, sachez qu'il existe quantité de solutions pour décorer son intérieur sans se ruiner.

Peignez vos murs vous-même

C'est de loin la solution la plus simple et la plus économique, à condition toutefois de ne pas être trop pointilleuse sur les finitions (c'est sûr, un peintre professionnel aurait fait mieux) et de ne pas hésiter à mettre la main à la pâte. La première chose à faire est de trouver un mur d'entraînement. Après, allez dans un magasin de bricolage et demandez conseil à un professionnel compétent. Il lui faudra les informations suivantes :

– les dimensions de la pièce (pensez à prendre les mesures) ;
– le support sur lequel vous allez peindre (papier peint rouge, peinture blanche, papier peint velouté) ;
– la finition souhaitée – mate ou satinée – et la couleur ;
– votre budget.

Vous aurez ainsi la quantité de peinture suffisante pour couvrir le mur qui ne vous plaît plus et les outils adaptés : pinceau, rouleau, etc.
Ensuite, achetez du ruban adhésif pour protéger interrupteurs, plinthes et plafond (en longeant éventuellement des moulures), ainsi que tout ce que vous n'avez pas l'intention de peindre. Couvrez les sols avec des bâches (même si vous avez du parquet) pour les protéger contre les inévitables gouttes qui ne manqueront pas de tomber, et lancez-vous.

REPEINDRE LES MURS, MODE D'EMPLOI

• Si les murs sont très sales, cela vaut peut-être la peine de les lessiver avec un produit doux. Toutefois, ne lavez pas les papiers peints, surtout les tontisses, qui mettraient une éternité à sécher. (N'essayez pas de peindre un papier peint tontisse, le résultat serait pour le moins bizarre. La seule chose à faire, si vous avez ce type de revêtement au mur, est de le décoller et de retapisser le mur avec un papier à peindre.) Vous pouvez aussi dépoussiérer le papier peint à la brosse, pour le nettoyer et enlever les toiles d'araignées ;
• Rebouchez les petites fissures avec un enduit (pas cher et disponible dans tous les magasins de bricolage). Il suffit de mettre un peu d'enduit sur la fissure, puis de

lisser avec une carte bancaire (prenez de préférence une carte dont la date d'expiration est dépassée !). Si c'est nécessaire, lissez l'enduit après séchage avec un morceau de papier de verre (ou une lime de pédicure !) ;

• Ensuite, trempez votre rouleau dans le bac à peinture. Commencez à mi-hauteur du mur et faites rouler le rouleau vers le haut, puis redescendez pour rattraper les coulures de peinture avant qu'elles arrivent au sol. Déplacez-vous petit à petit latéralement, jusqu'à ce que l'ensemble du mur soit peint ;

• Pour les parties proches du plafond et des plinthes, utilisez un pinceau (si vous n'avez pas la main sûre) ou un rouleau, en faisant un long mouvement horizontal ;

• Passez autant de couches que nécessaire pour obtenir un résultat satisfaisant (en général, il en faut deux). Puis demandez à une amie de venir jeter un coup d'œil au résultat, pour voir s'il y a des endroits qui auraient besoin d'une couche supplémentaire ;

• Laissez bien sécher la peinture. Une fois les murs secs, retirez doucement le ruban adhésif et félicitez-vous chaleureusement : vous venez de repeindre une pièce ! Maintenant, vous pouvez vous attaquer au reste de la maison.

Les tissus

Pour personnaliser son intérieur, la paresseuse aime utiliser des tissus qui révéleront à la terre entière son goût exquis… Toutefois, c'est aussi un véritable gouffre financier (vous avez vu le prix des coussins ?). Pour faire des économies, voici quelques pistes.

• Achetez des rideaux d'occasion

Ils sont incroyablement bon marché et on en trouve partout : vide-greniers, braderies caritatives, sites Internet, etc.

• Pensez aux draps « vintage »

Là encore, ça coûte trois fois rien. Quantité de sites Internet sont spécialisés dans ce créneau.

• Faites vos coussins vous-même

Je parle des housses de coussins. On peut créer de très jolies choses avec des vieilles robes d'été, des draps et des torchons (pour les oreillers). Pas besoin d'être une pro pour réaliser trois coutures sur les côtés d'un carré, avant de faire une « enveloppe » avec le quatrième côté (par lequel vous glisserez le coussin dans la housse).

• Utilisez une jolie couverture à la place d'un plaid

Les plaids pour canapés coûtent une fortune, contrairement aux couvertures. Une fois de plus, on peut réaliser des affaires en or sur le marché des occasions.

• Tapissez vos murs

Vous avez envie d'autre chose que de murs peints ? Sachez que le papier peint revient en force. En cherchant des fins de séries sur Internet, on trouve des rouleaux bon marché. Une possibilité très décorative (et peu coûteuse) consiste à poser du papier sur un mur et à peindre les autres murs.

CONSEIL

Pour toutes vos acquisitions d'occasion, dites plutôt « vintage », ça fait tout de suite plus classe !

Achetez des meubles d'occasion

Vous serez surprise de découvrir tout ce que les gens mettent au rebut. Sur le marché de l'occasion, on trouve des canapés quasiment neufs, des sommiers et des chaises pour un tiers de leur prix d'origine, ainsi que des meubles anciens vendus pour une bouchée de pain, qui nécessitent juste une petite réparation. Sachez toutefois qu'il est préférable de ne pas acheter certains objets d'occasion. C'est le cas des matelas, qui peuvent contenir des parasites et autres horreurs invisibles à l'œil nu. Mieux vaut investir dans un matelas neuf. Attention aussi aux articles tachés ou sentant mauvais : il est peu probable que vous réussissiez à enlever une tache ancienne, et les odeurs sur les tissus sont tenaces.

• Équipez-vous dans la grande distribution

Les meubles à monter soi-même sont souvent plus faciles à installer qu'on ne le pense. Peu chers, ils sont proposés par de nombreuses enseignes. Soyez vigilante toutefois, car il y a des différences de qualité d'une marque à l'autre. Les paresseuses qui ont du mal à comprendre les instructions de montage appelleront à l'aide une âme charitable douée de ses mains.

• Dénichez des objets gratuits

Dans tous les pays du monde, on trouve désormais des associations dont l'objectif est de donner une seconde vie aux objets en les offrant au lieu de les jeter. Elles recensent des centaines d'annonces de gens souhaitant se débarrasser de divers objets qu'il suffit d'aller chercher chez eux. C'est une solution fabuleuse pour se meubler à petit prix.
Intéressez-vous aussi aux sites de troc, apparus plus récemment. Ils permettent d'échanger des chaises contre une table, des rideaux contre une lampe, etc.

• Écumez les vide-greniers et les salles des ventes

Toutes celles qui aiment chiner y trouveront leur bonheur. Dans les salles des ventes, attention toutefois à ne pas vous laisser gagner par la fièvre acheteuse en enchérissant pour des articles dont vous n'avez pas besoin. Faites la liste de ce qu'il vous faut et tenez-vous-y. Les vide-greniers permettent eux aussi de faire des affaires intéressantes, notamment pour l'électroménager et les meubles.

• Dites à votre entourage que vous êtes preneuse de choses gratuites

Appelez tous les gens que vous connaissez et dites-leur que vous êtes preneuse d'objets dont ils ne veulent plus. C'est encore la solution la moins chère pour se meubler ! De plus, vos amis seront ravis de se débarrasser de ce qui les encombre. Toutefois, allez voir ce qu'on vous propose avant de vous engager. Ce qui est « presque neuf » pour les uns est « à jeter » pour les autres.

« Si vous cherchez quelqu'un pour effectuer des réparations, demandez systématiquement à vos amis et à votre famille s'ils connaissent une personne fiable. On trouve toujours quelqu'un qui connaît quelqu'un. Les recommandations par un proche à qui vous faites confiance permettent de trouver un intervenant fiable, qui ne vous fera pas payer trop cher. »

Claire, 28 ans

20 BONS PLANS POUR ÉCONOMISER DE L'ARGENT À LA MAISON

1. Apprenez à bricoler

Qu'il s'agisse de fixer une étagère ou de clouer une plinthe, apprendre à réaliser soi-même des petits travaux dans la maison permet d'économiser une fortune. Investissez dans un bon guide pratique de bricolage, ou demandez à un(e) ami(e) doué(e) de ses mains de vous montrer comment faire.

2. Faites des échanges de bons procédés avec des amis

Vous êtes trop paresseuse pour vous mettre au bricolage ? Dans ce cas, pourquoi ne pas faire des échanges de services avec vos amis ? Faites repeindre vos murs en échange d'un entretien de jardin, ou proposez de coudre des rideaux pour qui remettra votre plomberie en état.

3. Servez-vous de vos dix doigts

Que vous soyez fan de bougies, de coussins, de peinture ou de bibelots, cessez d'acheter ces objets et faites-les vous-même. C'est plus facile qu'on ne le croit. Consultez des sites Internet dédiés à l'artisanat ou suivez un cours.

4. Prenez soin de vos meubles

Si vous n'êtes pas une fée du logis, il est peu probable que vous entreteniez vraiment vos meubles. Eh oui ! dépoussiérer régulièrement, cirer ou traiter cuir, bois et tissus prolonge leur durée de vie, rend ces matières plus belles et réduit le risque de les voir se détériorer par le temps.

5. Maîtrisez votre budget de produits d'entretien

Que dépensez-vous pour l'achat de produits d'entretien de marque ? Ouvrez vos placards et voyez ce qu'ils contiennent : la plupart de ces produits sont polyvalents... ou bien se révèlent complètement inutiles. Par exemple, les nettoyants pour la cuisine peuvent parfaitement s'utiliser dans la salle de bains, et vice versa. De la même manière, préférez un chiffon et un produit nettoyant aux lingettes antibactériennes qui coûtent très cher.

6. Passez en revue le contenu de votre poubelle

Vous ne savez pas où passe votre argent dans la maison ? Regardez dans votre poubelle : en découvrant ce que vous jetez et gaspillez, vous aurez une idée des postes sur lesquels il serait bon de faire des économies.

7. Assurez-vous que tous les habitants de votre foyer sont sur la même longueur d'ondes que vous

Vous vivez avec des amis, des membres de votre famille ou avec votre chéri ? Si c'est le cas, assurez-vous que tout le monde s'efforce de réduire les frais, surtout si vous vous partagez les charges. Il suffit d'une personne dépensière dans une maison pour faire exploser un budget.

8. Vendez le superflu

Votre intérieur est surchargé ? Si oui, vendez le surplus de meubles et gagnez un peu d'argent au passage. Des chaises trop nombreuses, un lit superflu, un canapé inutile, quelques casseroles et poêles à frire : tout cela peut être converti en espèces sonnantes et trébuchantes.

9. Suivez un cours de tapisserie d'ameublement

Apprenez à tapisser vos fauteuils. C'est une excellente solution pour recycler de vieux tissus, comme des robes d'été à motifs, et relooker de vieux meubles à petits prix.

10. Envisagez de prendre un téléphone portable à carte

Avez-vous vraiment besoin de toutes ces minutes de communication et de tous ces SMS inclus dans votre forfait ? Un téléphone à carte coûtera moins cher : vous ne paierez que les communications vraiment indispensables.

11. Évitez de faire laver votre voiture

D'accord, c'est moins fatigant que de le faire soi-même, mais cela coûte cher. Or il suffit de prendre une éponge, du liquide vaisselle et un tuyau d'arrosage, ou de brancher l'aspirateur, et le tour est joué en dix minutes chrono.

12. Achetez des médicaments génériques

Nous sommes toutes accros aux marques, surtout pour les médicaments en vente sans ordonnance. Or cela vaut la peine d'acheter des génériques. Un médicament générique est une préparation sans marque qui a exactement la même composition que son équivalent de marque, mais dont le conditionnement est plus simple. De l'ibuprofène et du paracétamol restent de l'ibuprofène et du paracétamol, quels que soient la marque et le prix.

13. Faites réparer

Redécouvrez l'art perdu de réparer les objets de la vie quotidienne. Ne jetez plus votre aspirateur simplement parce qu'il fait un drôle de bruit, n'achetez pas une nouvelle bouilloire parce que l'ancienne est pleine de calcaire. Efforcez-vous systématiquement de réparer les choses avant de les mettre à la poubelle.

14. Ne dépensez pas une fortune pour votre animal de compagnie

Ne reportez pas vos impulsions d'achat sur vos animaux. Non, ils n'ont pas besoin de jolis jouets en PVC. Un morceau de corde, un ballon de foot dégonflé ou une pelote de laine feront parfaitement l'affaire.

15. Chauffez uniquement les pièces que vous utilisez

Installez des thermostats dans toutes les pièces ou fermez les radiateurs dans celles dont vous ne vous servez pas. Vous économiserez 15 % sur votre facture de chauffage.

16. Optez pour un ordinateur portable

Les portables sont beaucoup moins gourmands en électricité que les ordinateurs de bureau. Si vous possédez un ordinateur de bureau, n'utilisez pas d'écran de veille : cela consomme plus d'électricité que lorsque l'ordinateur est allumé.

17. Calmez-vous sur l'électroménager

Ces appareils sont chers à l'achat et à l'usage. Avez-vous vraiment besoin d'un lave-vaisselle, d'un lave-linge, d'un sèche-linge et d'un four à micro-ondes ? Allez à la laverie automatique pour vos vêtements, faites la vaisselle à la main et servez-vous de votre four traditionnel, vous ferez des économies.

18. Épluchez vos factures de téléphone

Une fois par an, examinez à la loupe vos factures des trois derniers mois pour faire le point sur votre consommation en appels locaux, surtaxés, nationaux et internationaux. Appelez plusieurs opérateurs pour trouver la formule la moins chère adaptée à vos besoins. Envisagez de prendre une box ADSL qui comprend les appels locaux, nationaux et internationaux.

19. Faites tout sécher à l'air libre

Au lieu d'utiliser le cycle séchage du lave-vaisselle et du sèche-linge, faites sécher vêtements et vaisselle à l'air. Vous ferez des économies conséquentes sur votre facture d'électricité.

20. Ne jetez pas l'argent par les fenêtres

Si vous êtes locataire de votre logement, ne faites pas de travaux. L'envie vous prend de repeindre les murs ? Demandez au propriétaire de participer aux frais (après tout, vous allez faire le travail à sa place). Ne retapissez pas des meubles qui ne vous appartiennent pas et ne changez pas la moquette. Si nécessaire, jetez un plaid sur un vilain canapé ou mettez un tapis sur le sol.

chapitre 6

Comment passer des vacances agréables

Et si vous vous offriez les vacances de vos rêves ?

Quel que soit l'endroit où vous vivez, vos frais de transport représentent sans doute une véritable fortune. Par transport, je n'entends pas simplement les frais de déplacement pour aller travailler. Je parle aussi de l'entretien de la voiture, de l'essence et des taxis, ainsi que des transports pour partir en vacances, bien évidemment. Cela ne couvre pas seulement les grandes vacances, mais aussi les jours de congé pris par-ci par-là et les journées de repos passées à la maison. Au demeurant, ces journées ont une fâcheuse tendance à provoquer un passage en mode vacances, qui à son tour active le mode « je-dépense-comme-si-j'étais-en-vacances ».
Phénomène étrange, nous cessons alors de réfléchir de manière rationnelle pour oublier totalement la réalité de notre situation financière. Prises par l'instant présent, nous nous mettons à jeter l'argent par les fenêtres, surtout lorsque les prix ne sont pas libellés en euros.

Résultat : un beau matin, nous nous réveillons baignées de sueurs froides en réalisant que nous sommes complètement fauchées.
Pour éviter cela, le remède est très simple : quels que soient vos projets de vacances et votre budget « transports » actuel, regardez davantage à la dépense : en économisant, vous pourrez vous offrir les vacances (ou la voiture, ou le voyage, ou le style de vie) dont vous rêvez.

Votre budget vacances

Difficile de ne pas dépenser plus que prévu en vacances... Ces périodes de l'année ne sont-elles pas destinées à la détente, au repos et à l'absence de soucis ? C'est bien pour cela qu'il faut impérativement faire un budget avant de partir et éviter de rentrer criblée de dettes. Et pour établir ce budget (de préférence avant de réserver quoi que ce soit), prenez le total de ce que vous avez mis de côté (ou de ce que vous pouvez vous permettre de dépenser) et affectez-le aux postes suivants :

- billet d'avion/voyage plus taxes (le vol à proprement parler coûte peut-être une bouchée de pain, mais les taxes, d'aéroport et autres, feront augmenter la facture) ;
- assurances de voyage et vaccins (en fonction de votre destination) ;
- hébergement/hôtel, par nuit/par semaine ;
- repas et boissons par jour (même si vous optez pour une formule *all inclusive*, pensez aux dépenses pour aller faire des courses ou dans les bars) ;
- activités (cours de plongée, boîtes de nuit, massages sur la plage) ;
- déplacements sur place (faut-il prendre un taxi ou un bus pour aller à la plage/sur les pistes de ski/dans les magasins/dans les bars/à l'hôtel ?) ;
- dépenses supplémentaires (trajets jusqu'à l'aéroport et retour ou frais de stationnement, nouveaux vêtements, crème solaire, forfait de ski, etc.).

Le total dépasse votre budget pour la région/le pays/le type de vacances prévus ? Choisissez les éléments de la liste auxquels vous tenez le plus, puis éliminez ou modifiez les autres. Et à partir de là, soyez réaliste et efforcez-vous de déterminer ce que la composante principale du voyage vous coûtera (c'est-à-dire l'hébergement et le transport). Ensuite, voyez combien de jours vous pourrez rester sur place. Ainsi, vous ferez le tri entre les pays correspondant à votre budget et les autres.

Quel hébergement choisir ?

L'étape suivante est d'identifier le type d'hébergement adapté à vos besoins. Vous avez prévu de passer des vacances consacrées à une activité, comme le ski, la plongée ou la fiesta ? Dans ce cas, mieux vaut consacrer l'essentiel de votre budget à ce loisir, et non à l'hébergement (après tout, vous ne passerez que peu de temps dans votre chambre). En revanche, pour les vacanciers en quête de luxe et de détente, l'hébergement devra figurer parmi les priorités. Ensuite, réfléchissez à la restauration. La plupart des hôtels proposent des formules *all inclusive* (tous les repas et les boissons sont compris dans le prix), la demi-pension (petit déjeuner et déjeuner compris), le petit déjeuner continental (sous forme de buffet) ou la chambre seule, sans petit déjeuner. La formule « tout compris » peut paraître tentante. Toutefois, cette option n'est guère intéressante si la cuisine ou les boissons de l'établissement ne sont pas à votre goût et si les restaurants locaux non loin de l'hôtel sont meilleur marché. Mettez en balance ce que vous êtes prête à payer et ce qui sera plus facile et agréable pour vous.

CONSEIL

Si vous partez à deux, prévoyez un budget vacances commun et voyez s'il est possible de partager certains frais pour faire des économies.

Le budget par jour

Une fois la réservation effectuée, faites un budget pour la durée des vacances : c'est le montant que vous pourrez dépenser chaque jour, recouvrant les courses, les loisirs et les repas et les boissons si vous n'êtes pas en pension complète. Dans la limite de ce que vos finances permettent, ce budget devra être un peu plus conséquent qu'à la maison et vous autoriser à dépenser plus qu'en temps normal.

Attention toutefois à ne pas dilapider trop d'argent : rien de tel que le soleil, la mer et la sangria pour faire perdre la tête aux vacanciers, qui rentreront chez eux avec un découvert abyssal qu'ils mettront des années à combler.
Voici quelques conseils pour vous simplifier la tâche.

- Familiarisez-vous avec la devise locale et faites un tour dans les magasins avant de changer votre argent (avant le départ, renseignez-vous sur les commissions prélevées pour les retraits aux distributeurs automatiques à l'étranger) ;
- Où que vous alliez, payez en espèces, pas par carte ;
- Si vous avez un doute au moment de payer, demandez-vous si vous dépenseriez la même somme chez vous.

Des vacances à petit budget

« Dans le cadre d'un projet caritatif, j'ai sillonné l'Amérique du Sud avec des amis. C'était extraordinaire. Nous avons réussi à trouver des sponsors qui ont financé l'opération, à concurrence de plusieurs milliers d'euros. Sur place, nous avons découvert des sites magnifiques et rencontré des gens intéressants. »

Lisa, 28 ans

Pas de panique, je ne vais pas vous conseiller de partir avec un sac à dos et de loger en auberge de jeunesse !

Après tout, pour que des vacances soient vraiment des vacances, il faut pouvoir se détendre et en profiter. Alors, si la vie à la dure, ce n'est pas votre tasse de thé, vous ne prendrez pas du bon temps, quelles que soient les économies réalisées. Avant de faire une réservation, sachez toutefois que le niveau de vie du pays étranger et le taux de change sont des éléments décisifs pour la réussite des vacances. En fonction de la destination choisie, des vacances à l'étranger peuvent être ruineuses ou au contraire incroyablement bon marché, alors renseignez-vous bien sur la situation au moment où vous souhaitez partir.

Une foule de sites Internet donnent des renseignements et des avis d'internautes sur tous les pays. Discutez aussi avec vos amis et vos collègues pour obtenir des conseils et des tuyaux sur les pays, et des renseignements sur le coût de la vie sur place. Attention toutefois à relativiser ces informations : un repas jugé bon marché par les uns sera qualifié d'immangeable ou de très cher par les autres. Demandez des précisions sur les prix.

Faites preuve de flexibilité quant au type de vacances et au mode de réservations. À première vue, les formules *all inclusive* peuvent paraître tentantes pour les destinations les plus courues, mais parfois, mieux veut réserver le vol et l'hébergement séparément, voire carrément attendre d'être sur place pour trouver un hôtel, ce qui permet parfois des économies substantielles. De plus, manger en dehors de l'hôtel, dans des restaurants locaux, peut se révéler plus intéressant (assurez-vous toutefois qu'il y a des cafés et des restaurants à proximité !). Une bonne formule consiste aussi, en location, à cuisiner soi-même (là encore, mieux vaut qu'il y ait des magasins non loin !).

Pour les sorties, réfléchissez comme si vous étiez étudiante et préférez les restaurants et les bars locaux à ceux qui sont réservés aux touristes. Ils seront peut-être un peu plus éloignés de l'hôtel, mais les prix des consommations seront moins élevés et vous vous y amuserez sans doute davantage.

Mieux encore, décidez de passer des vacances radicalement différentes : allez camper (une formule qui peut être plus luxueuse qu'on ne le croit), partez en camping-car avec des amis (bon marché et amusant) ou louez une grande maison et demandez à trois amis de venir chacun avec un copain afin de partager les frais de location et de nourriture.

Si vous êtes téméraire, pourquoi ne pas faire un échange d'appartement ? Le principe est le suivant : vous allez habiter chez quelqu'un, à l'étranger et pendant ce temps, cette personne s'installe chez vous, ce qui permet à tout le monde de passer des vacances à l'étranger sans payer l'hébergement. On peut échanger deux logements comparables, ou au contraire complètement différents. L'essentiel étant que tout le monde soit d'accord avec les termes de l'échange, définis avant le départ. Pour cela, il faut être prêt à faire confiance à des gens qu'on ne connaît ni d'Ève, ni d'Adam, mais la formule fonctionne pour des centaines de personnes dans le monde (à savoir : les locataires doivent obtenir l'autorisation de leur propriétaire).

ÉCHANGES D'APPARTEMENTS ET DE MAISONS

- **Lorsque vous mettrez des photos de votre logement sur Internet, efforcez-vous de le mettre en valeur ;**
- **Décrivez le logement en termes « vendeurs » ;**
- **Soyez franche sur des points susceptibles d'être problématiques (l'aéroport le plus proche est situé à 150 km, il n'y a pas d'électricité, etc.) ;**
- **Donnez aux occupants de votre logement les coordonnées d'une personne vers laquelle ils pourront se tourner en cas de problème, par exemple si une canalisation d'eau éclate ou s'ils claquent la porte en laissant la clé à l'intérieur ;**
- **Enlevez les objets de valeur de l'appartement : cela vous évitera de vous faire un sang d'encre pendant votre absence ;**
- **Multipliez les échanges avec les gens qui viendront chez vous, par e-mail et par téléphone, et demandez-leur des références avant de faire affaire ;**
- **Prévoyez quelques provisions dans les placards pour qu'ils aient de quoi manger en arrivant ;**
- **Traitez le logement qu'on vous prête comme vous le feriez avec le vôtre.**

Profitez des promotions

Voici quelques conseils pour profiter des offres les plus alléchantes.

Les vacances hors saison

Tous les voyagistes augmentent leurs prix pendant les vacances scolaires : c'est la période pendant laquelle ils peuvent gagner le plus d'argent. Cela vaut donc la peine de partir hors saison (si vous n'avez pas d'enfants scolarisés). Avant de réserver, renseignez-vous toutefois sur le temps qu'il fera sur place. En effet, mieux vaut éviter de partir skier à une époque où il n'y a pas de neige, ou de se rendre sous les Tropiques en pleine saison des pluies.

Évitez également de partir dans une région où la saison touristique est terminée et où tout est fermé, ou bien dans un coin où il n'y a pas un chat (dans certains pays, les habitants désertent les villes tout le mois d'août pour partir sur les plages). Les expériences d'autres voyageurs seront utiles pour savoir ce qui vous attend. Une bonne solution consiste à partir en tout début de saison, ou au contraire complètement à la fin. Ainsi, vous aurez beau temps et toutes les installations seront ouvertes. Qui sait, vous pourrez même peut-être négocier quelques bonnes affaires ?

Réservez très longtemps à l'avance ou au contraire à la dernière minute

Incroyable mais vrai, le meilleur moment pour réserver ses vacances, c'est… un an avant la date du départ, au moment où les prix pour la nouvelle saison sont annoncés. C'est à cette période que les agences de voyage proposent les offres les plus intéressantes et où les vols les moins chers sont disponibles. Les réservations de dernière minute (c'est-à-dire une semaine avant le départ) sont elles aussi intéressantes car les tour opérateurs savent qu'ils ne risquent plus guère de vendre ces chambres ou ces vols.

Optez pour un voyage organisé

Cela vaut la peine de mettre ses idées préconçues de côté quand on veut faire des économies. Intéressez-vous aux voyages organisés, avec hôtel, vol et transports sur place. Beaucoup de gens sont réticents face à ces formules, craignant de voyager avec des hordes bruyantes de touristes. Toutefois, cela revient beaucoup moins cher que de réserver individuellement, surtout pour les destinations très touristiques.

N'ayez pas peur de voyager à des horaires impossibles

C'est une excellente solution pour payer son billet moins cher. D'accord, c'est désagréable sur le coup, mais une fois arrivée, vous vous frotterez les mains. Cela s'applique tout particulièrement aux compagnies aériennes *low cost*, ainsi qu'à certains voyages en train, en car et en bateau.

Négociez les prix des hôtels et des locations

Les hôtels ont toujours des tarifs préférentiels à proposer à leurs clients. Alors utilisez votre pouvoir de persuasion pour faire baisser le prix, obtenir une chambre de la catégorie supérieure pour le même tarif ou avoir des repas gratuits. L'hôtel refuse de vous consentir une remise longtemps à l'avance ? Rappelez plus tard, à une date plus proche de votre venue. S'il reste des chambres ou si le logement n'est pas loué, vous aurez des chances d'obtenir un tarif préférentiel, cette fois-ci.

Épluchez la facture de votre compagnie aérienne

Si les compagnies *low cost* peuvent proposer des tarifs aussi bas, c'est parce qu'elles ajoutent ensuite tout un tas d'éléments à la facture, dont vous n'avez pas forcément besoin. L'embarquement prioritaire et l'assurance de voyage, notamment, sont souvent cachés dans une profusion de termes techniques. Lisez attentivement le contrat avant de confirmer votre réservation.

Pour l'assurance de voyage, renseignez-vous auprès de votre assurance multirisques habitation et de votre mutuelle pour voir si vous êtes couverte à l'étranger. Si ce n'est pas le cas, cherchez sur Internet la formule la moins chère. L'embarquement prioritaire n'est vraiment pas indispensable, sauf si vous souhaitez un certain type de place, si vous voyagez avec des enfants ou si vous ne supportez pas d'être installée loin de votre chéri.

Dans la mesure où l'avion ne décollera pas avant que le dernier passager soit monté à bord, l'embarquement prioritaire ne présente guère d'intérêt. Que vous soyez dans la file d'attente ou à bord de l'avion, il va falloir patienter. Pour redescendre de l'appareil, à l'arrivée, c'est pareil : il faudra attendre les bagages avec tous les autres passagers. En fait, ce que l'on paie, c'est simplement le droit de s'asseoir et de se lever avant les autres (et encore, quand on n'est pas à la fin de la file d'attente d'embarquement prioritaire…). Vous n'arriverez pas plus vite à destination pour autant.

Calculez le véritable coût des week-ends et des minivacances

Ces formules sont parfaites quand on a besoin de changer d'air, mais elles sont rarement une solution économique. En trois jours, on a vite fait de dépenser autant, voire davantage, qu'en une ou deux semaines de vacances, pour plusieurs raisons :

- Les vols aller-retour sur une courte période coûtent souvent plus cher ;
- Les minivacances se déroulent souvent en ville, où les restaurants, les sorties et l'hébergement sont plus coûteux qu'ailleurs ;
- Les minivacances induisent une mentalité spécifique : comme on n'est là que pour quelques jours, on dépense, on dépense et on dépense ;

- Les séjours courts incitent également à ne pas regarder à la dépense pour les taxis, les bons restaurants et le shopping. Mot d'ordre : « Ce sont des minivacances alors on en profite. »
- Ces vacances se passent souvent autour d'un week-end, période où tout le monde a envie de partir. Résultat : les prix des transports et des hébergements augmentent.

Maîtrisez vos dépenses vacances

Ne vous dites pas qu'acheter et dépenser sont synonymes de détente. Au contraire, soyez raisonnable quant à ce que vous dépensez en repas et en boissons. Si vous partez avec des amis ou en famille, expliquez la situation à vos compagnons de voyage : peut-être ont-ils eux aussi envie de limiter les dépenses. À moins qu'ils n'aient décidé de « claquer de l'argent » (dans ce cas, ayez des budgets séparés).

Faites attention également à ne pas succomber aux extras proposés par les hôtels, sous prétexte que « ce sont les vacances ». Excursions touristiques, journées au spa, laverie de l'hôtel, minibar, tout cela finit par coûter très cher et peut faire exploser votre budget de vacances si vous ne faites pas attention.

Rapporter des cadeaux de vacances pour les amis et la famille est une attention sympathique. Toutefois, n'achetez pas par pur plaisir d'acheter. Les souvenirs de vacances atterrissent généralement assez vite au fond des placards. Alors ne gaspillez pas votre argent.

Prenez garde aussi à ne pas acheter de vêtements. Ce sarong orné de sequins et ce chapeau en paille blanc étaient peut-être du plus bel effet sur les plages, mais les porterez-vous vraiment à la maison ?

Enfin, ne faites pas de folies à l'aéroport. Que le *duty free* propose des affaires en or, que vous soyez désœuvrée ou que l'avion ait du retard, les terminaux d'aéroport peuvent être le théâtre de catastrophes. Ne dilapidez pas vos sous et souvenez-vous que non, vous n'avez pas besoin d'un baril de parfum, d'une gigantesque boîte de chocolats et d'un litre d'alcool.

Comment réussir ses vacances à la maison

« J'ai passé des vacances à la maison, avec ma sœur et ses enfants. Eh bien, nous nous sommes beaucoup amusés, bien plus que je ne le pensais. Nous avons visité deux parcs à thème qui faisaient des promotions incroyables. »

Laura, 25 ans

La nouvelle tendance en matière de vacances ? Rester chez soi. C'est une excellente solution quand on est ric-rac et qu'on ne peut pas se permettre de voyager. L'idée est très simple : on reste chez soi, tout en ayant des activités qui changent du quotidien. Les économies réalisées en frais d'hôtel et de voyage laissent un peu plus d'argent pour passer du bon temps et se comporter comme si on était partie. Toutefois, comme tout type de vacances, celles-ci exigent un minimum de planification, faute de quoi vous risqueriez de vous retrouver chez vous, à faire les mêmes choses que d'habitude, sans changer d'air.

Achetez un guide de votre ville

Connaissez-vous vraiment la ville dans laquelle vous vivez (ou la plus proche de chez vous) ? On peut parfaitement passer des années dans une ville sans jamais en visiter les principaux sites et musées. Prenez donc un guide touristique et feuilletez-le pour découvrir des lieux à explorer. Concoctez-vous un programme qui ressemble à ce que vous faites habituellement en vacances : un peu de culture, un peu de divertissement, et peut-être une excursion touristique que vous n'auriez pas organisée en temps normal.

Découvrez une activité inédite

Partez sur une piste de ski artificielle et initiez-vous au ski ou au snowboard, apprenez à faire du patin à roulettes, participez à une dégustation de vin ou suivez un cours de cuisine. Dans la plupart des villes, on trouve une profusion de stages d'une ou plusieurs journées. Vous ne trouvez rien qui vous intéresse ? Les activités proposées sont trop éloignées de chez vous ? Faites preuve de créativité : inscrivez-vous à un cours de dessin avec modèle (renseignez-vous à l'école des beaux-arts) ou adonnez-vous à une activité que vous ne pratiquez que rarement, comme aller nager, visiter un zoo ou partir en randonnée dans une forêt ou un parc national.

Dorlotez-vous

Surtout, n'oubliez pas de vous occuper de vous. Massages, pédicures et manucures sont des musts pour qui passe ses vacances à la maison. Prenez des rendez-vous pour quelques séances, ou allez passer la journée dans un spa (les instituts proposent parfois des tarifs intéressants en milieu de semaine). Mieux encore, organisez une journée beauté à la maison (voir le chapitre 3 pour des conseils pratiques) : invitez quelques amies, échangez des produits et faites-vous une beauté, sans débourser un sou.

Allez faire du shopping

Rappelez-vous, vous ne partez pas en vacances cette année : vous avez donc bien mérité d'aller faire du shopping ! Toutefois, n'allez pas dans les boutiques que vous fréquentez habituellement, découvrez plutôt de nouvelles adresses. Dénichez un marché artisanal, allez faire les brocantes, écumez un centre commercial dans lequel vous n'avez encore jamais mis les pieds ou des magasins d'usine loin de chez vous. Mieux encore, découvrez un marché fermier près de chez vous.

Passez des vacances gastronomiques

Découvrez une cuisine différente chaque jour, en la préparant vous-même à la maison ou en allant dans un restaurant inédit. Offrez-vous également des petits déjeuners luxueux, comme ceux que l'on déguste en vacances. Préparez-vous une merveille à la maison, ou descendez dans un café près de chez vous. Le ventre plein, vous pourrez sauter le déjeuner et garder tout votre budget pour le dîner. Recherchez des tables nouvelles et exaltantes que vous ne fréquentez pas habituellement et faites preuve d'ouverture d'esprit (comme vous le feriez en vacances).

Partez en excursion pour la journée

Parc de loisirs, réserve naturelle, plage, forêt ou site historique : pensez à un lieu où vous avez toujours eu envie d'aller sans jamais le faire, faute de temps. Ensuite, organisez votre excursion et partez ! Passer des vacances à la maison ne signifie pas être assignée à résidence, sans s'éloigner de plus de 10 kilomètres de chez soi. Vous pouvez partir beaucoup plus loin pour la journée et faire souffler dans vos cheveux un vent de vacances !

Votre budget transports

À moins de travailler à la maison ou de vivre juste à côté de son lieu de travail, les transports représentent presque toujours un budget non négligeable. À vos yeux, ces dépenses constituent une fatalité et vous vous dites que vous n'avez pas le choix (ce qui est vrai dans certains cas). Toutefois, intéressez-vous aux solutions alternatives qui s'offrent à vous, elles pourraient bien vous permettre de diviser ces frais par deux. Certaines options impliqueront davantage d'efforts physiques, d'autres un réveil plus matinal, d'autres encore un arrangement moins pratique, mais toutes permettent d'économiser de l'argent. Voici quelques idées pour maîtriser vos frais de transport.

La voiture

Les uns l'adorent, les autres la détestent. Mais si vous avez une voiture, il y a de fortes chances que vous la jugiez indispensable. Or c'est faux. Après tout, vous viviez bien avant d'avoir votre permis, non ? De plus, si votre voiture tombait en panne, vous vous débrouilleriez bien sans elle. Le problème, c'est que nous vivons dans une société totalement tributaire de l'automobile, dans laquelle il est difficile de ne pas conduire. De plus, c'est un moyen de transport pratique, qui permet de rester bien au chaud et d'éviter la foule. Le hic, c'est qu'une voiture coûte de l'argent. Prenez le prix d'achat d'une voiture (qui va perdre de la valeur au fil des ans), ajoutez à cela l'essence, l'entretien et l'assurance, et vous verrez que le total représente une fortune. Il existe toutefois des solutions pour réduire le coût de la voiture :

- Évitez les conduites trop sportives : foncer comme une malade jusqu'au feu rouge pour piler au dernier moment gaspille non seulement de l'essence, mais accélère aussi l'usure de la voiture ;
- Conduisez plus intelligemment et regardez devant vous pour anticiper et ralentir progressivement ; ce comportement aura une incidence immédiate sur votre consommation ;
- Coupez le moteur lorsque vous êtes immobilisée plus de deux minutes dans un embouteillage, cela évitera tout gaspillage d'essence ;
- Maîtrisez votre vitesse : en conduisant à 110 km/h au lieu de 80 km/h, on consomme jusqu'à 25 % de plus ;
- Faites vérifier vos pneus. Des pneus sous-gonflés augmentent la consommation d'essence de 1 % ;

- Faites réviser votre voiture régulièrement – surtout s'il s'agit d'un véhicule d'occasion –, cela améliorera sa performance et limitera sa consommation ;
- Retirez tous les objets inutiles de la voiture et du coffre. Le bazar que vous transportez impose un effort supplémentaire au moteur, qui consomme davantage ;
- Ne laissez pas tourner le moteur inutilement pendant des périodes prolongées. En une minute, on consomme la quantité d'essence nécessaire au démarrage ;
- Réduisez votre vitesse sur autoroute. Selon des associations d'automobilistes, en roulant à 130-140 km/h au lieu de 110 km/h, on consomme un litre de plus tous les 30 kilomètres (sans compter le PV que vous risquez en cas de dépassement de la vitesse autorisée). Conformez-vous aux limitations de vitesse, même sur les autoroutes où vous pouvez être tentée d'aller un peu plus vite ;
- Laissez votre voiture au garage, surtout si elle vous sert uniquement à raccourcir le temps de trajet pour aller travailler. En réduisant votre kilométrage annuel, vous ferez des économies en assurance et en essence ;
- N'achetez pas une plus grosse cylindrée simplement pour vous faire plaisir. Pour certaines personnes, l'automobile est un signe extérieur de richesse. Souvenez-vous qu'une voiture ne définit pas votre identité et elle ne dévoile rien sur vous, hormis que vous avez dépensé beaucoup d'argent ;
- Ne roulez pas non plus dans une épave. Parfois, mieux vaut ne pas avoir de voiture du tout que de rouler à bord d'une poubelle. Les vieilles voitures sont peut-être bon marché à l'achat, mais plus un véhicule roule, plus ses pièces s'usent ; le remettre en état coûtera une fortune en entretien et en pièces détachées.

Le covoiturage

Si vous faites régulièrement coucou à vos voisins à l'heure où tout le monde monte dans sa voiture le matin, renseignez-vous : peut-être certains partent-ils dans la même direction que vous ? Le covoiturage est l'une des solutions les plus efficaces pour réduire sa facture de transport tout en agissant pour l'environnement. Dans certains pays, il a été érigé en priorité et l'État encourage les employeurs à favoriser ce système pour leurs salariés.
Vous ne connaissez personne travaillant dans le même coin que vous ? Adhérez à une association qui met en relation des gens souhaitant pratiquer le covoiturage. Plus nombreuses qu'on le croit, ces associations vous communiqueront les coordonnées de personnes souhaitant se rendre au même endroit que vous, aux mêmes heures que vous. Vous pourrez ainsi faire le trajet ensemble et partager les frais.

Optez pour la voiture en libre-service

Cette option, relativement récente, s'adresse à tous ceux qui n'ont pas besoin d'une voiture à plein-temps. Le principe est le suivant : vous adhérez à une coopérative qui vous permet d'utiliser quand vous en avez besoin une voiture, garée dans une station de votre quartier. Il existe différentes formules. En règle générale, l'utilisateur doit réserver le véhicule sur Internet. Ensuite, il ouvre le véhicule grâce à son badge et fait l'état des lieux avant de démarrer. Outre l'abonnement au mois ou à l'année, l'utilisateur paie uniquement les heures d'utilisation, ce qui revient moins cher que d'avoir sa propre voiture, surtout quand on fait moins de 10 000 kilomètres par an.

LE SAVIEZ-VOUS ?

Si vous faites moins de 10 000 kilomètres par an, un réseau d'auto-partage, ou véhicules en libre-service, vous fera économiser environ 2 000 euros par an.

Faites du vélo

Si vous êtes vraiment juste financièrement et si vous devez réduire vos frais de transport, pourquoi ne pas acheter un vélo ? Cela vous coûtera moins cher que les transports en commun, vous resterez en forme et vous arriverez à destination plus vite et de manière plus fiable qu'avec tout autre mode de transport. Bien sûr, vous devrez apprendre à circuler en ville, sans doute emporter des vêtements pour vous changer en arrivant sur votre lieu de travail, et par temps chaud, vous serez en nage. Cependant, la majorité des trajets domicile-travail représentent entre 8 et 11 kilomètres, et même dans les villes les plus embouteillées, il ne faut que 30 minutes pour parcourir cette distance en vélo, sans faire la queue et sans se faire comprimer dans les transports en commun. Même si vous ne prenez pas le vélo pour aller travailler, utilisez-le le week-end à la place de la voiture, ou préférez les transports en commun.

Voici quelques arguments en faveur du vélo :

- Une bicyclette coûte moins cher qu'une voiture à l'achat, et elle est plus facile à garer ;
- En vélo, on peut brûler jusqu'à 400 calories à l'heure et se sculpter des fesses et des cuisses en béton ;
- On peut circuler sur les pistes cyclables, pour éviter les embouteillages ;
- En ville, on se déplace plus rapidement qu'en voiture ;
- Rouler en vélo est autrement plus agréable que de se faire marcher sur les pieds dans les transports en commun ;
- Pour aller travailler, la bicyclette est un moyen de transport de porte à porte.

VIVE LE VÉLIB' !

Et si vous ne souhaitez pas acheter de vélo, vous avez toujours la possibilité de profiter de la formule des vélos en libre partage, aussi connue, à Paris et dans quelques communes de la Petite Couronne, sous le nom de Vélib'. Comme les voitures en libre-service, les bicyclettes sont disponibles dans un grand nombre de stations et peuvent être louées à l'heure, à la semaine ou à l'année.

20 BONS PLANS POUR SE DÉPLACER SANS SE RUINER (CHEZ SOI ET EN VACANCES)

1. Ne partez pas en vacances en groupe

En partant à plusieurs, on a vite fait de dépenser une véritable fortune, tout simplement parce qu'il est difficile de se tenir à son budget quand on est entourée de copains déterminés à manger au restaurant, à prendre des verres et à faire la fête toute la nuit. Ne vous laissez pas déborder...

2. Pour partir en vacances, emportez des articles de toilette à moitié vides

Pour une raison inexpliquée, nous sommes nombreuses à acheter des produits de toilette neufs pour partir en vacances, et donc à dépenser pour rien. En emportant des produits entamés (ou en partageant ces produits avec vos amies), vous réduirez la facture et vos bagages pèseront moins lourd.

3. N'achetez pas de souvenirs

Les achats de vacances finissent bien souvent au fond des placards. Alors avant d'acheter quoi que ce soit (tapis, tenture, chapeau ou souvenir), prenez le temps de vous demander : « Est-ce que j'en ai vraiment besoin ? Est-ce que j'en ai vraiment envie ? »

4. Renseignez-vous sur ce que vous coûtera l'utilisation de votre téléphone portable à l'étranger

Vous avez certainement un forfait super-intéressant en France, incluant des heures de communication et des SMS. Malgré tout, renseignez-vous sur ce que vous allez payer pour recevoir et passer des appels depuis l'étranger, et aussi pour consulter votre boîte vocale. Il sera peut-être préférable de désactiver votre Internet mobile quand vous serez à l'étranger pour éviter d'avoir des surprises à la réception de votre facture.

5. Si vous êtes ric-rac, emportez des provisions

Vous économiserez de l'argent si vous voyagez sur une compagnie aérienne *low cost*, qui fait payer boissons et nourriture à bord. Et vous éviterez aussi des achats hors de prix dans les gares et les aéroports.

6. Pensez aux hébergements pour étudiants

Dans beaucoup de pays, les universités louent des hébergements en campus pendant les vacances, une formule qui coûte souvent moins cher que les hôtels bon marché. Les chambres sont spacieuses, assez centrales et peu coûteuses. Une solution intéressante quand on ne peut pas se permettre d'aller à l'hôtel.

7. Évitez les périodes touristiques

En partant en décalage par rapport à tout le monde, voire carrément hors saison, vous pourrez sans aucun doute profiter de tarifs intéressants, aussi bien du point de vue des transports que de l'hébergement. Vous éviterez la foule et apprécierez d'autant plus le calme et la détente !

8. Prenez un gros petit déjeuner pour prévoir le déjeuner

Si vous êtes dans un hôtel *all inclusive* et si vous avez prévu une excursion pour toute la journée, demandez qu'on vous prépare un pique-nique pour le petit déjeuner ou le déjeuner. Votre formule ne comprend que le petit déjeuner ? Subtilisez diverses choses à manger que vous glisserez dans votre sac, pour le déjeuner. D'accord, c'est petit, mais vous avez payé. Alors pourquoi vous gêner ? Si vous avez trop honte, demandez qu'on vous serve le petit déjeuner dans votre chambre : personne ne vous verra faire vos provisions !

9. Prenez le train

Depuis l'apparition des compagnies aériennes *low cost*, nous sommes nombreuses à avoir oublié que le train pouvait être très bon marché, surtout dans les pays pauvres. Intéressez-vous également aux abonnements permettant de voyager dans toute l'Europe, aux formules spéciales pour touristes (comme aux États-Unis) et aux trains de nuit, qui peuvent faire économiser le prix d'une chambre d'hôtel.

10. Travaillez chez vous

Grâce aux nouvelles technologies, comme Internet et les Web conférences, jamais travailler de chez soi n'a été plus facile. Désormais, on peut rester en contact avec l'entreprise, et même participer aux réunions. Demandez à votre employeur s'il serait d'accord pour que vous travailliez chez vous un jour par semaine, cela permettrait de réduire d'un cinquième vos frais de transport même s'ils sont souvent pris en charge (en partie) par l'entreprise.

11. Partez plus tôt ou partez plus tard

Évitez les heures de pointe en partant un peu plus tôt ou un peu plus tard. Vous gaspillerez moins d'essence dans les embouteillages.

12. Réduisez les frais d'assurance

Renseignez-vous systématiquement sur les tarifs en vigueur avant la date de renouvellement de votre contrat d'assurance, en faisant réaliser des devis tenant compte de vos nouveaux bonus. Les comparateurs de prix pourront vous faire gagner beaucoup d'argent.

13. Le week-end, restez dans votre région ou dans votre quartier

Mieux vaut rester près de chez soi quand on sort, cela fait gagner de l'argent sur les frais d'essence, de taxis et de transports en commun, autant de sous en plus à consacrer à la sortie à proprement parler.

14. Ne prenez pas votre voiture pour les petits trajets

Des études ont démontré que la plupart des gens prennent la voiture pour des trajets qui représentent moins de 20 minutes de marche à pied. Si c'est votre cas, souvenez-vous que tous ces kilomètres finissent par s'additionner. En limitant votre kilométrage annuel, vous pourrez aussi économiser de l'argent sur les frais d'assurance (en plus de l'essence).

15. Prenez le train ou le bus pour aller à l'aéroport

Lorsque vous partez en vacances, évitez de prendre le taxi ou la voiture si vous voyagez seule ou à deux. En comptant le prix de l'essence et du stationnement, les transports en commun reviennent nettement moins cher.

16. Allez-y doucement sur la climatisation

La climatisation de la voiture peut augmenter la consommation d'essence de 12 %. Par conséquent, mieux vaut ouvrir les fenêtres (sauf si vous roulez vite : dans ce cas, il est préférable de fermer les fenêtres, pour accroître l'efficacité du véhicule).

17. Achetez un véhicule hybride

Certes, les voitures hybrides sont plus chères à l'achat que les autres, mais des études ont démontré que la différence de prix était amortie au cours des cinq premières années : elles consomment nettement moins et leurs frais d'entretien sont moins élevés.

18. Utilisez les parcs-relais

Beaucoup de villes ont des parcs-relais, qui permettent de laisser sa voiture en périphérie de la ville et d'emprunter les transports en commun prioritaires pour rejoindre le centre-ville. Ainsi, vous évitez les embouteillages, les pertes de temps et les amendes de stationnement, ce qui représente des économies substantielles.

19. Pensez à partir d'un petit aéroport

Souvent, les voyageurs ont le choix entre plusieurs aéroports et les tarifs varient considérablement de l'un à l'autre. Même si certains sont plus éloignés des villes, le trajet jusqu'au centre ne prend pas plus longtemps, tout simplement parce que l'aéroport est moins fréquenté.

20. Et si tout va mal… économisez pour vos prochaines vacances

Posez donc la question à votre grand-mère, vous verrez qu'autrefois, lorsqu'on voulait partir pour une destination chic et chère, on faisait la chose la plus logique qui soit : on économisait ! D'accord, cela veut dire qu'on conjugue le verbe « voyager » au futur et non pas au présent. Mais au moins, on a l'assurance de partir !

chapitre 7

Comment survivre à la grosse cata

Et si vous anticipiez le pire ?

Mener grand train à petits frais, voilà un concept intéressant, quand on a de quoi vivre… Mais comment faire quand on se retrouve privée de revenus ? Loin de moi l'idée de vous angoisser. Toutefois, en période de marasme économique, mieux vaut parer à toute éventualité, et donc aux diverses catastrophes qui peuvent nous tomber dessus : plan social, chômage technique, faillite personnelle, etc. Quelle que soit votre situation professionnelle et financière, mieux vaut anticiper et être prête à réagir si le pire devait se produire : sachez vers qui vous tourner en cas de perte d'emploi, épargnez pour avoir des réserves financières au cas où (de toute façon, cela ne peut pas faire de mal d'avoir un peu d'argent de côté pour les périodes de vaches maigres, quelle que soit votre situation), renseignez-vous sur les mesures à prendre si vous croulez sous les dettes et si vous n'arrivez plus à payer vos factures.

Toutefois, l'angoisse ne doit pas vous empêcher de prendre les bonnes décisions et de faire les bons choix. Une paresseuse avertie et bien organisée survit à toutes les catas !

Faites face à la précarité du marché de l'emploi

Que feriez-vous si vous perdiez votre emploi demain ? Comment survivriez-vous et comment paieriez-vous vos factures ? S'il ne sert à rien de vivre dans l'angoisse perpétuelle du chômage, mieux vaut être préparée, au cas où. Préparée pour une catastrophe qui ne se produira probablement pas, mais préparée quand même. Pour cela, il convient de mettre en place un plan B professionnel et financier, qui permettra non seulement d'atténuer votre peur du chômage mais aussi de faire face à vos obligations si le pire

devait arriver. Là, vous êtes peut-être en train de soupirer : « Mais comment pourrais-je faire des économies alors que je n'ai pas d'argent ? » Eh bien, la réponse est toute simple : réduisez vos dépenses dans au moins trois domaines de votre existence – disons la nourriture, le shopping et les vêtements – et vous aurez amplement de quoi épargner. L'astuce consiste à mettre le fruit de vos économies dans une tirelire ou dans une boîte et au fur et à mesure que vous économisez un petit peu par-ci, un petit peu par-là sur le shopping, les déplacements et les vêtements, vous glissez les sous dans la tirelire ou dans la boîte, et en fin de mois, vous allez déposer le total à la banque. Qui sait, le pactole épargné s'élèvera peut-être à cent euros ?
Au dire des spécialistes, il faut avoir au moins trois mois de salaire devant soi pour pouvoir se retourner en cas de catastrophe (c'est-à-dire de quoi payer le loyer ou l'emprunt immobilier, manger et se chauffer). Ce n'est pas en économisant cent euros ici et là que vous y arriverez, pensez-vous ? Eh bien, vous serez surprise de voir à quel point les économies s'accumulent vite, et combien on devient accro à l'épargne et on se prend au jeu en voyant le total augmenter de mois en mois !

Une autre solution très efficace pour se constituer un fond de survie consiste à glisser chaque jour une petite somme dans sa tirelire, qu'il s'agisse de la monnaie du café, de l'argent économisé en réussissant à ne pas craquer pour un article de maquillage, ou une sortie annulée, un réflexe qui peut devenir une vraie petite fortune. Attention, rappelez-vous, le contenu de votre tirelire, c'est votre fonds de survie, pas votre fonds je-craque-donc-je-sors-faire-du-shopping !

Anticipez

Réduire son train de vie avant d'y être contrainte est autrement moins désagréable que de s'y résoudre parce qu'on ne peut pas faire autrement. Intéressez-vous aussi à votre attitude face aux achats et changez de mode de vie. Consommer moins, sortir moins et acheter moins, voilà quelques pistes pour réduire les dépenses et mettre de l'argent de côté pour les périodes de vaches maigres. Si vous contractez un emprunt immobilier, renseignez-vous : avez-vous une assurance perte d'emploi ? Certaines, très chères, ne sont pas intéressantes, mais d'autres sont abordables et peuvent épargner bien du stress et des angoisses.

Parez à toute éventualité

L'étape suivante est de mettre à jour votre CV et de faire des photocopies. Ainsi, en cas de coup dur, vous seriez opérationnelle. Parallèlement, sortez vos antennes et voyez ce qui se passe sur le marché de l'emploi, autour de vous. Trouve-t-on beaucoup de jobs dans votre domaine et pour lesquels vous pourriez postuler ? Sauriez-vous à qui envoyer un CV au cas où ? Si vous ne savez pas trop, renseignez-vous auprès d'amis et de collègues de confiance (prudence, toutefois, il faut éviter de faire courir des rumeurs) et activez votre réseau relationnel avant d'y être contrainte.

Pendant que vous y êtes, faites un bilan de compétences. Quand on occupe le même poste depuis un certain nombre d'années, on a vite fait de ne plus mettre à jour ses compétences et d'oublier ses connaissances. Faites le bilan de vos compétences actuelles et déterminez les points à améliorer et à actualiser. Votre entreprise pourra vous aider en finançant une formation (bien sûr, montrez votre motivation, sans laisser transparaître votre véritable objectif). Ensuite, lancez-vous et changez de crémerie. Le plan de carrière et le fonds de survie sont destinés à vous protéger en cas de catastrophe et à vous désangoisser en cas de perte de salaire du jour au lendemain.

PRÉSERVER SON EMPLOI

• Soyez polyvalente au travail, efforcez-vous de savoir accomplir le plus de tâches possible.
• Ne passez pas vos journées à vous plaindre et à râler ;
• Faites preuve de flexibilité dans la description de votre poste (sans pour autant laisser votre employeur vous faire faire n'importe quoi) ;
• Soyez attentive au climat de l'entreprise pour ne pas tomber des nues en cas de gel des augmentations ou des promotions ;
• Inscrivez-vous à un cours du soir : enrichir ses compétences ne peut pas faire de mal.
• Ne laissez pas votre travail émousser vos connaissances. Efforcez-vous d'apprendre une nouvelle chose chaque mois, au minimum.

Survivez à un licenciement

Si le pire devait arriver, souvenez-vous qu'une paresseuse avertie en vaut deux. Il est important de savoir quels sont vos droits, à quelles indemnités vous pourriez prétendre et ce que vous allez ressentir. En cas de licenciement, essayez de ne pas le prendre personnellement, même s'il s'agit bien évidemment d'une épreuve difficile.

LE SAVIEZ-VOUS ?

En moyenne, un individu subit un, voire deux licenciements au cours de sa vie professionnelle.

Un licenciement peut donner le sentiment d'être nulle professionnellement, ou totalement inutile à l'entreprise, ce qui est bien sûr totalement faux. Les licenciements sont liés à la situation économique de votre entreprise ou de votre secteur, ou simplement à la conjoncture générale, qui induisent des restrictions budgétaires. Une entreprise peut être contrainte de lancer un plan social parce qu'elle a perdu un gros contrat, parce qu'elle doit réduire ses coûts de fonctionnement pour rester compétitive ou parce qu'un changement technologique important a rendu obsolètes les compétences de certains salariés. En revanche, un employeur ne peut prétexter un licenciement économique simplement parce qu'il a envie de se débarrasser d'un salarié. Si vous vous retrouvez au chômage, voici quelques conseils pour survivre à cette épreuve.

COMMENT GÉRER L'ANNONCE DU LICENCIEMENT

- **N'ayez pas une réaction émotionnelle dans les locaux de l'entreprise. Si vous avez envie de fondre en larmes ou de hurler, attendez d'être rentrée chez vous ;**
- **Ne cédez pas à la tentation de vous venger, par exemple en fauchant un ordinateur portable ou en mettant des photos de votre patron dans le plus simple appareil sur le serveur de l'entreprise. Rappelez-vous : ce sont peut-être des contacts au sein de la société qui vous permettront de trouver un nouveau job. Donc évitez de vous griller ;**
- **Restez digne et professionnelle jusqu'au bout (vous avez besoin de bonnes références !).**

Sachez que votre confiance en vous va en prendre un coup

L'annonce d'un licenciement est un véritable cataclysme susceptible d'anéantir la confiance en soi et l'estime de soi de tout individu. On peut aussi éprouver de la honte, tout en sachant qu'objectivement, on n'y est pour rien. Pendant les premières heures, vous serez en état de choc, ce qui va durer quelques semaines. Ce sentiment cédera progressivement la place à la colère et à la déprime. Autorisez-vous à éprouver ces sentiments, tout en vous efforçant d'aller de l'avant en faisant acte de candidature pour de nouveaux postes et en considérant ce revers comme un recommencement. Sachez aussi que certains collègues licenciés en même temps que vous pourront entamer votre motivation, notamment s'ils sont encore à l'étape de l'état de choc ou de la colère. Restez en contact avec eux, tout en gardant vos distances. Désormais, vous avez besoin d'aller de l'avant, pas de rester en colère et figée dans votre situation actuelle.

Sachez vous vendre

Il est essentiel de savoir se vendre, surtout quand on a occupé le même poste pendant de nombreuses années. Essayez de vous envisager comme une marque, pour identifier vos ACV (arguments-clés de vente) : il s'agit des raisons pour lesquelles un employeur aurait envie de vous embaucher vous, plutôt que quelqu'un d'autre. Affinez votre stratégie marketing personnelle et réfléchissez à la meilleure manière de vous vendre, que ce soit par téléphone, par e-mail ou par courrier. Vous ne savez pas trop comment procéder ? Une piste intéressante consiste à s'adresser à un *business coach* ou à se tourner vers des cabinets de recrutement spécialisés dans votre secteur.

Boostez vos compétences

Qu'il s'agisse de se former à de nouvelles technologies, d'ajouter une qualification professionnelle à son CV ou d'opérer une reconversion latérale, l'acquisition de nouvelles compétences est décisive pour trouver un nouveau job. Faites une séance de brainstorming avec des amis et voyez ce qui pourrait accroître vos chances de trouver du travail. Ensuite, inscrivez-vous à une formation qui dopera vos chances de rebondir.

Soyez prête à faire des compromis

Si vous adoriez votre ancien job, il est peu probable que vous retrouviez exactement la même chose. Par conséquent, mieux vaut faire preuve de flexibilité dans l'intitulé du poste, la rémunération et les avantages, ce qui ne signifie pas accepter avec gratitude le premier job que l'on vous offrira et qui ne vous aurait pas intéressée en temps normal. En revanche, si on vous propose un poste sympa mais loin d'être transcendant, allez au moins passer un entretien.

L'astuce ici (si votre situation le permet) étant de vous remettre dans la peau d'une professionnelle demandée.

Activez votre réseau (à fond les manettes)

Activer son réseau relationnel recouvre quantité de choses : appeler tous les gens que l'on connaît pour leur demander s'ils ont entendu parler de postes à pourvoir, s'inscrire sur des sites sociaux professionnels et mettre son CV sur Internet, sur des sites professionnels. Les méthodes traditionnelles de recherche d'emploi (petites annonces, chasseurs de tête, etc.) portent elles aussi leurs fruits. Ne craignez pas d'activer toutes les pistes.

Maîtrisez vos émotions

On vous demande pour quelles raisons vous avez quitté votre dernier emploi lors d'un entretien d'embauche ? Vous pouvez parfaitement répondre que vous avez été licenciée. En revanche, ne faites surtout pas de remarques désobligeantes sur votre ancienne entreprise, évitez d'expliquer que le DRH s'est comporté comme une ordure ou de casser du sucre sur le dos de votre ancien patron. Personne n'a envie de recruter une personne aigrie.

Surveillez vos finances jusqu'à ce que vous ayez retrouvé un travail

Même si vous avez touché des indemnités de licenciement substantielles, vous ne savez pas quand vous retrouverez du travail. Il va donc falloir que vous réduisiez votre train de vie jusqu'à la signature d'un nouveau contrat. Utilisez vos indemnités de licenciement pour couvrir les dépenses de la vie courante et pour acquérir de nouvelles compétences, pas pour des opérations « j'ai-besoin-de-me-remonter-le-moral-donc-je-m'offre-des-chaussures-ruineuses ».

« Mon licenciement, c'est la meilleure chose qui me soit arrivée. Après dix ans au même poste, j'avais oublié qu'il se passait d'autres choses ailleurs. J'ai suivi une formation de six semaines pour étoffer mes compétences, et trois mois plus tard, j'avais un meilleur job, avec un salaire plus élevé. »

Amanda, 34 ans

Installez-vous à votre compte

Enfin, si toutes les pistes font long feu et que vous ne trouvez pas de travail, envisagez de vous mettre à votre compte. C'est une piste à explorer, même si vous n'avez pas beaucoup d'argent devant vous. La meilleure stratégie consiste à faire le point sur vos compétences actuelles (professionnelles et personnelles), afin de voir si elles correspondent à un besoin du marché. Si certains métiers et certaines compétences s'exercent de manière évidente en free lance, d'autres exigeront de votre part une réflexion latérale. Par exemple :

Passer de	**À**
Assistante	Télé-assistante, organisatrice de mariages.
Enseignante	Professeur pour cours particulier, auteur de livres pour enfants.
Prof de théâtre	Animatrice d'anniversaires d'enfants.
Traiteur	Prof de cuisine ou planificatrice de réceptions.
Finance	Coach financier ou coach pour cadres.
Assistante sociale	Psychothérapeute.
Illustratrice	Créatrice de cartes réalisées à la main.
Employée de bureau et fan de gym	Coach personnelle.

Les cas cités ci-dessus sont tous des exemples réels d'individus qui ont rebondi après un licenciement et qui ont mis à profit leurs compétences pour démarrer une activité free lance rémunératrice. L'expérience vous tente ? Voici quelques conseils :

- Ne dépensez pas d'argent avant d'en avoir gagné. Non, vous n'avez pas besoin de papier à en-tête élégant ni de cartes de visite ruineuses (si ces outils sont nécessaires au démarrage de votre activité, procurez-vous des versions bon marché sur Internet) ;

- Faites savoir autour de vous que vous cherchez du travail. Parlez-en à tous les gens que vous connaissez, des amis à la famille en passant par les collègues et les commerçants du quartier. Plus vous en parlerez autour de vous, plus vous aurez de chances de trouver des clients ;
- Faites vos comptes : vos prix ou vos tarifs doivent être compétitifs, tout en vous permettant de gagner de l'argent ;
- Assurez-vous qu'il existe bien un marché pour ce que vous proposez en faisant une étude de vos clients-clés : qui sont-ils, où pouvez-vous les trouver, pourquoi allez-vous les intéresser ?
- Soyez prête à réaliser vos premiers contrats à prix réduit, pour vous faire un nom ;
- Constituez-vous un fichier de clients et envoyez-leur des propositions commerciales.

Comment rebondir

En réalité, nous sommes nombreuses à ne pas nous poser de questions sur notre devenir professionnel, jusqu'au jour où un problème survient. Certaines se disent qu'en cas de pépin, il suffira de trouver un autre job. La vérité, c'est que les choses ne sont pas aussi simples, surtout quand on a peur de recommencer à zéro, ou quand on est tellement anéantie par la perte d'un emploi qu'on n'arrive plus à se motiver. Quelle que soit la difficulté de la situation, souvenez-vous que si vous avez besoin de gagner de l'argent, il va falloir vous bouger et y aller.

Trouver un nouveau travail ne passe pas forcément par une reconversion. Et si c'est le cas, l'acquisition de nouvelles compétences peut s'effectuer progressivement, selon une formule adaptée à votre situation personnelle et qui ne vous coûtera pas forcément une fortune. Pourquoi ne pas suivre une formation par Internet, dans une université près de chez vous ou en

cours du soir ? Renseignez-vous également sur les prêts et les aides auxquels vous pouvez prétendre, notamment pour vous installer à votre compte.
Après un licenciement, beaucoup de gens ont le sentiment d'être trop vieux pour recommencer à zéro. Sachez que dans la plupart des pays, on ne peut refuser un emploi à une personne en raison de son âge, quel que soit le secteur d'activité. Faites un bilan de compétences pour identifier les savoirs à améliorer et informez-vous auprès d'amis qui travaillent dans le secteur de votre choix sur les entreprises qui recrutent. L'astuce consiste à se fixer des objectifs lors de la recherche d'emploi afin d'avoir chaque jour des choses à faire.

Planifiez

Fixez-vous des objectifs à court terme (« Aujourd'hui, je m'inscris dans trois agences d'intérim »), à moyen terme (« Dans les deux semaines à venir, je me trouve une formation et je passe au moins un entretien d'embauche ») et à long terme (« Si je n'ai pas trouvé de travail d'ici six mois, j'entame une reconversion pour devenir… »).
Parallèlement, mettez au point un plan d'action dans l'hypothèse où votre recherche d'emploi se révélerait plus longue que prévu. Sur le plan financier, il faudra préciser un certain nombre de points :

- Combien de temps allez-vous pouvoir vivre avec votre argent ?
- Quelles sont les dépenses pouvant être gelées en attendant d'avoir trouvé un nouveau travail ?
- Avez-vous souscrit une assurance perte d'emploi avec votre emprunt immobilier ?
- À quelle date allez-vous devoir prendre des mesures radicales[1] pour faire des économies ?

1. Mesures radicales : changer de mode de vie pour payer uniquement les dépenses essentielles.

Si vous êtes proche de la faillite, envisagez les solutions suivantes pour gagner de l'argent en attendant d'avoir retrouvé un emploi :

- Trouvez un travail à temps partiel ;
- Faites du baby-sitting pour des amis ou pour une agence ;
- Prenez un emploi saisonnier ;
- Accomplissez des missions en tant que travailleur indépendant avec vos compétences actuelles ;
- Réalisez des objets que vous pourrez vendre (des gâteaux, des coussins, des rideaux ?)
- Vendez vos choses inutiles sur e-Bay ou dans un vide-greniers ;
- Allez voir vos créanciers pour leur expliquer la situation et proposer des plans de remboursement.

Si rien n'y fait, acceptez n'importe quel travail, temporairement. D'accord, la pilule sera sans doute difficile à avaler, mais vous cesserez de vous angoisser à propos des factures à payer. Cela permettra aussi de mettre en place un plan à long terme pour vous remettre en selle. Après tout, cette solution temporaire ne vous engage pas pour votre carrière de demain. Beaucoup de gens prennent un job alimentaire pour concrétiser un projet précis ; les uns suivent des cours du soir ou par Internet, d'autres écrivent un roman, d'autres encore mettent de l'argent de côté pour se payer des études de droit.

Et si le pire devait arriver ?

Vous avez fait un budget, vous avez économisé, vous avez travaillé dur. Mais rien n'y fait, la situation est catastrophique. Tellement catastrophique qu'il ne suffit plus désormais de réduire les dépenses.

Il va falloir demander de l'aide avant que la situation empire encore. Parmi les véritables catas, citons la saisie immobilière, l'incapacité de payer son loyer, l'impossibilité de renflouer son compte en banque et le surendettement.

La saisie

C'est ce qui se passe lorsqu'un organisme qui vous a prêté de l'argent (généralement une banque) saisit votre maison ou votre appartement pour le vendre, parce que vous ne pouvez pas payer vos échéances. Avec la crise économique actuelle, cela se produit de plus en plus souvent. Pour éviter cela, ou en retarder l'échéance, allez voir votre banquier et exposez-lui ouvertement votre situation, le plus rapidement possible. Si vous entreprenez cette démarche et si vous savez fixer des priorités dans la gestion de votre argent, en commençant toujours par payer vos échéances, vous devriez pouvoir garder votre logement.

En cas de réelles difficultés financières, la banque pourra peut-être suspendre les paiements pendant quelques mois ou réduire le montant des mensualités, voire vous proposer une formule où vous ne payez que les intérêts pendant un temps. Une autre possibilité est d'ajouter les arriérés au total restant à rembourser.

Vous ne pouvez plus payer votre loyer

Avant d'en arriver là, relisez votre bail pour voir ce qui est prévu en cas de retard de paiement, le contrat devrait préciser ce que votre propriétaire est en droit de faire. Peut-il vous mettre à la porte directement ? Peut-il vous faire payer une pénalité pour retard de paiement ? Peut-il garder votre dépôt de garantie ? Un propriétaire ne peut pas faire payer des pénalités de retard au locataire si cela n'est pas prévu dans le bail. Toutefois, mieux vaut éviter de se fâcher avec son propriétaire, surtout pour des questions d'argent.

Au lieu d'envoyer un chèque qui serait refusé par la banque, appelez votre propriétaire pour lui exposer la situation et demander un délai supplémentaire. Dites clairement que vos problèmes sont temporaires et que ces retards ne vont pas devenir systématiques. Normalement, il devrait vous accorder un délai de paiement.
L'accumulation d'arriérés de loyers risque de vous conduire à la rue, c'est donc un problème qu'il ne faut pas prendre à la légère. Mieux vaut prendre un logement plus petit au lieu de laisser la situation se détériorer. Vous ne pouvez pas vous permettre un logement plus petit ? Dans ce cas, voici quelques pistes :

- Louez une chambre chez un(e) ami(e) ;
- Louez une chambre chez un particulier ;
- Trouvez une colocation ;
- Louez une chambre meublée dans un quartier moins cher.

La procédure de surendettement

Le surendettement est l'impossibilité pour le débiteur de bonne foi de faire face à l'ensemble de ses dettes non professionnelles exigibles et à échoir. Toute personne physique n'arrivant plus à rembourser ses dettes peut alors déposer un dossier à la commission de surendettement, qui négocie un plan de remboursement amiable avec les créanciers, qui est prononcé dès que le débiteur bénéficie de rentrées régulières. Le montant total des mensualités à rembourser est donc calculé en fonction des revenus : la commission laisse au débiteur un minimum (« reste à vivre ») pour pouvoir subvenir à ses dépense courantes (loyers, nourritures, etc.), qui sera toujours supérieur ou égal au RSA.
La commission peut également proposer la vente d'une partie du patrimoine du débiteur (notamment immobilier) pour rembourser une

partie des emprunts et effectuer des recommandations pour réduire les charges : par exemple, prendre une voiture moins puissante, renoncer à certains abonnements, etc. Ensuite, la commission calcule précisément les montants de chaque mensualité, créancier par créancier, en réduisant généralement les intérêts et en supprimant tout ou partie des pénalités de retard. Bien sûr, pendant toute la durée du plan, le débiteur s'engage à ne plus contracter de dettes, sous peine de perdre le bénéfice du plan.

Sans vouloir dramatiser à outrance, sachez qu'il est difficile de se remettre de ce type de situation. En effet, les banques se montreront méfiantes et vous aurez du mal à obtenir un crédit pendant les quelques années qui suivront. C'est la raison pour laquelle il est préférable, en cas de grosses difficultés financières, d'aller demander de l'aide à des professionnels car il existe quantité de solutions pour éviter cela. Voici les trois principaux conseils :

Prenez contact avec vos prêteurs et vos créanciers pour leur exposer la situation

Le mieux est d'écrire une lettre pour expliquer qu'en raison de sérieux problèmes financiers, vous allez peut-être être contrainte de déposer un dossier à la commission de surendettement. La plupart des créanciers s'efforceront de vous proposer une solution, car ils savent que leurs chances de toucher leur argent seront alors réduites.

Vendez tout ce que vous possédez pour rembourser vos dettes

La procédure de surendettement pourrait vous conduire à perdre quasiment tous vos biens de valeur. Par conséquent, mieux vaut vendre votre maison, votre voiture et tout ce qui peut rapporter de l'argent : vêtements, téléviseurs, équipements technologiques.

Essayez de faire racheter vos dettes

(Reportez-vous au chapitre I p. 29 pour en savoir davantage.) C'est une solution, à condition que les sommes dues ne soient pas trop élevées et que vous choisissiez soigneusement l'organisme prêteur. Toutefois, il s'agit là d'une solution temporaire, qui fonctionnera uniquement si vous remboursez vos échéances et si vous avez lu ce qui est écrit en tout petits caractères dans le contrat.

Le plan d'austérité

Pourquoi ne pas changer de vie pour mener une existence plus simple et moins coûteuse ? Vous pourriez trouver un logement moins grand ou déménager dans un quartier moins cher, voire quitter complètement la ville.

L'idée est de réduire les frais de manière draconienne et de changer véritablement de vie. Décrété en temps et en heure, un plan d'austérité peut permettre de rembourser ses dettes et d'atténuer les angoisses suscitées par une situation financière et professionnelle difficile, en changeant de vie une bonne fois pour toutes.

LE SAVIEZ-VOUS ?

50 % des gens ont des insomnies dues aux angoisses générées par le travail, l'argent et l'avenir.

Si vous envisagez de suivre la piste du changement de vie, faites des recherches sérieuses avant de prendre une décision. Ne croyez jamais sur parole ceux qui affirment que telle ou telle ville est extraordinaire, que la vie n'y est pas chère, qu'on y trouve du travail à profusion. Faites des recherches sur Internet et consultez les offres d'emploi dans la presse locale. Renseignez-vous sur les coûts de transport (car vous reviendrez pour voir vos amis), le niveau des loyers et le prix de l'immobilier, ainsi que le marché de l'emploi. Cherchez aussi des infos sur la situation démographique de la région : est-elle bon marché parce qu'il y a beaucoup de retraités ou au contraire beaucoup de familles ? Y a-t-il des choses à y faire ? Et, plus important, êtes-vous sûre, à 75 % ou davantage, que vous vous y plairez ? Si la réponse est non, ne partez pas : d'ici deux ans, vous aurez envie de revenir à la case départ.

Une autre erreur fréquente commise par les gens qui changent de vie, c'est de changer de mode de vie, mais pas de manière de dépenser. Si vous partez dans une région moins chère, mais que vos dépenses en terme de nourriture, de vêtements, de sorties et de vacances restent constantes, vous n'allez pas tarder à vous retrouver dans la même situation qu'avant. Pour réussir cette nouvelle vie, il faudra être prête à en changer tous les aspects, des dépenses à la vie sociale en passant par le logement et le travail.

« Mon conseil à toute personne envisageant de changer de région, c'est de ne pas prendre de décision précipitée, mais de bien faire la part des choses entre ce qu'elle a envie de faire et ce qu'elle est contrainte de faire. Je pensais que la vie en province serait moins chère. J'ai donc quitté la grande ville dans laquelle je vivais pour m'installer dans une petite bourgade où je ne connaissais presque personne, or je ne m'y plais pas du tout. Seulement maintenant, je ne peux pas me permettre de repartir et de changer à nouveau de travail, je suis coincée… Alors que j'aurais pu réduire mon train de vie là où j'étais. »

Jill, 34 ans

L'argent, vos proches et vous

Rien de tel que les difficultés financières pour créer des problèmes entre les gens.
Nous avons des rapports très différents à l'argent, les difficultés financières peuvent donc avoir une incidence sur vos relations avec vos proches, non seulement avec votre conjoint, mais aussi avec vos parents et vos amis. Identifiez votre profil et l'impact que vous avez sur vos proches.

LE SAVIEZ-VOUS ?

Les problèmes financiers ont une incidence sur notre vie sexuelle. La baisse démographique du XXe siècle s'est produite en 1976, après la grave récession de 1974.

Les angoissées

Les inquiètes tendent à communiquer leurs angoisses à leur entourage : elles ont envie de verbaliser leurs peurs et leurs inquiétudes. Or elles contaminent tout le monde. Si vos proches se fâchent ou décrochent quand vous commencez à vous plaindre et à râler, c'est signe qu'il vous faut trouver une échappatoire.
Voici quelques suggestions pour désangoisser les angoissées :

- Faites-vous un budget précis, qui détaille toutes les rentrées et les sorties d'argent ;
- Étoffez vos compétences professionnelles. Ainsi, en cas de pépin, vous serez réactive ;
- Laissez votre entourage vous rassurer en vous démontrant que l'on survit aux pires difficultés ;
- Cessez de parler systématiquement de ce qui ne va pas. Essayez de dire une chose positive pour chaque énoncé négatif.

Les dépensières

Les dépensières refusent de regarder les choses en face : elles dépensent, soit parce qu'elles adorent les sensations que cela procure, soit parce qu'elles n'ont pas la moindre envie de réduire leur train de vie. Par ailleurs, elles ont du mal à comprendre pourquoi tout le monde ne dépense pas de l'argent à la pelle, ce qui les pousse à inciter leurs amies à oublier leurs problèmes et à faire de même, lorsqu'elles ne se moquent pas d'elles.

Conseils aux dépensières :

- Sachez combien d'argent vous dépensez chaque jour et chaque semaine. Essayez de tenir un journal de vos dépenses ;
- Réfléchissez soigneusement avant d'acheter quoi que ce soit et demandez-vous si vous pouvez vous permettre cette dépense. Si vous devez emprunter, la réponse est toute trouvée : c'est non !
- Dites-vous bien que l'on ne sait jamais de quoi demain sera fait. Si vous n'avez pas une épargne conséquente, réduisez votre train de vie.

Les autruches

Face aux questions d'argent, vous êtes du genre à faire l'autruche ? Vous n'avez pas envie de savoir ce qui se passe sur votre compte en banque ? Si votre entourage s'arrache les cheveux en voyant la manière dont vous gérez votre argent, voici quelques suggestions :

- Améliorez vos connaissances en matière de finances ;
- Intéressez-vous de plus près à ce qui se passe sur vos comptes bancaires, et à votre situation financière ;
- Soyez plus avisée dans la gestion de vos sous : même en l'absence de dettes, il convient de déterminer si votre train de vie est adapté à vos revenus, et si vous pourriez le maintenir en cas de coup dur.

Les emprunteuses

Faites-vous de fréquents emprunts à la Banque Papa-Maman ? Si la réponse est oui, sachez que vous n'êtes pas la seule ! Les statistiques montrent que plus de 50 % des parents voient leur épargne « pillée » par des enfants à cours de liquidités. Dans la majorité des cas, c'est pour rembourser des dettes. Le problème, c'est qu'en empruntant à ses proches (parents, amis ou conjoint), on nuit non seulement à leur situation financière et à la nôtre, mais on nuit aussi à nos relations avec eux. Si vous êtes une emprunteuse, voici quelques conseils :

- Trouvez d'autres sources de revenus (décrochez un deuxième job, vendez des choses qui vous appartiennent, envisagez de faire racheter vos dettes, etc.) ;
- Demandez-vous pourquoi vous ne voyez pas de mal à emprunter de l'argent ;
- Demandez à vos amis de vous dire très franchement ce qu'ils pensent de votre comportement financier ;
- Apprenez à vivre avec ce que vous gagnez.

20 BONS PLANS POUR SURVIVRE EN PÉRIODE DE VACHES MAIGRES

1. Réduisez vos attentes

... notamment concernant ce que vous pensez mériter dans la vie et le mode de vie que vous jugez adapté pour une personne de votre âge. Le simple fait d'avoir des attentes plus réalistes peut jouer de manière significative sur vos dépenses annuelles.

2. Souvenez-vous que l'économie connaît des hauts et des bas

D'accord, les temps sont durs, mais la conjoncture va s'améliorer. En réduisant son train de vie quand tout va bien, on est mieux armée pour survivre aux crises.

3. Fixez-vous un objectif pour lequel vous allez épargner

Économisez dans un but bien précis. Cela vous aidera à renoncer plus facilement aux gratifications immédiates.

4. Réinventez-vous

Vos amis et votre famille pensent que vous ne savez pas gérer vos sous et vous considèrent comme un cas désespéré ? Réinventez-vous et montrez-leur qu'ils se trompent. Tout le monde peut réduire son train de vie. Simplement, ne cherchez pas à définir votre identité à travers ce que vous dépensez.

5. Ne sortez qu'une fois par semaine

Là, vous avez sans doute hurlé : « Quoi ?! » D'accord, c'est très dur. Toutefois, en vous restreignant à une sortie par semaine, vous réduirez de manière considérable votre budget sorties. En plus, vous découvrirez que ce n'est pas en sortant qu'on s'amuse le plus.

6. Mangez à la maison cinq fois par semaine

... voire davantage si vous allez au restaurant tous les midis. Nous sommes nombreuses à dépenser une fortune en mangeant à l'extérieur tous les soirs. Vous voulez apprendre à vivre avec moins d'argent ? Apprenez à cuisiner !

7. Marchez davantage

... surtout si vous avez tendance à prendre la voiture pour le moindre petit trajet ou si vous ne vous déplacez qu'en taxi. La marche à pied est excellente pour la santé et pour le porte-monnaie.

8. Faites du bénévolat

Vous vous découvrirez un nouveau loisir, vous rencontrerez des gens, vous économiserez de l'argent et vous verrez votre vie actuelle différemment.

9. Profitez des petits plaisirs de la vie

Pas besoin de dépenser une fortune pour prendre du bon temps : un pique-nique avec des amis ou en famille, une glace sur la plage, une bouteille de vin partagée avec des copains. Profitez de ce que vous pouvez vous offrir, au lieu de vous miner en pensant à tout ce que vous n'avez pas.

10. Zappez votre habitude la plus coûteuse

La plupart des gens ont une habitude qui leur coûte beaucoup d'argent : vêtements, maquillage, livres ou brushing hebdomadaire chez le coiffeur. Passez-vous de ce plaisir pendant trois mois, puis faites vos comptes : combien avez-vous économisé ?

11. Éteignez la télé au moment de la publicité

Ou bien regardez une chaîne sans pubs. Quand on ne voit pas toutes ces choses nouvelles, belles et hyper-glamour, on n'en a pas envie !

12. Procurez-vous DVD et magazines à la bibliothèque municipale

C'est une solution bon marché et légale. Vous serez étonnée de découvrir le choix qu'il y a, et ce que vous allez économiser chaque mois.

13. Abonnez-vous

Si vous ne pouvez pas (ou voulez pas) vous passer de vos magazines, souscrivez un abonnement annuel. Cette solution coûte beaucoup moins cher que l'achat au numéro. En prime, vous recevrez sans doute quelques cadeaux.

14. Limitez les cadeaux que vous offrez

Annoncez à vos amis que vous êtes ric-rac : ils comprendront parfaitement que vous ne fassiez plus de cadeaux. Vous avez malgré tout envie d'offrir un petit quelque chose pour un anniversaire ou une naissance ? Faites-le vous-même ou préparez un gâteau. Car comme dirait votre mère, c'est l'intention qui compte !

15. Relativisez Noël

L'idée de cette fête, c'est de passer du bon temps avec ceux qu'on aime, pas de dépenser tellement d'argent qu'on s'endette pour toute l'année.

16. Ne souscrivez pas aux extensions de garantie

Les extensions de garantie sont rarement intéressantes... pour l'acheteur. En revanche, elles permettent au vendeur de décrocher une commission. Réfléchissez bien : avez-vous déjà eu recours à une extension de garantie ?

17. Appliquez la règle des deux semaines

Si vous voyez un article qui vous fait vraiment, vraiment envie dans un magasin, ne l'achetez pas. Rentrez chez vous et attendez deux semaines. Le plus souvent, l'envie vous aura passé.

18. Invitez vos amis chez vous

Cuisiner pour une tablée de copains revient toujours moins cher que d'aller au restaurant (calculez donc le prix du repas par personne, pour voir). De plus, vous serez invitée en retour, ce qui vous fera à nouveau économiser des sous.

19. Demandez de l'aide à vos amis

Vous serez sidérée de découvrir toutes les astuces de vos amis pour économiser de l'argent. Faites une séance de brainstorming spéciale « on économise » et voyez si vous pouvez vous motiver mutuellement pour vous tenir à un mode de vie moins dépensier.

20. Allez de l'avant

En matière de finances et d'argent, ce qui compte, c'est ce que vous faites maintenant et ce que vous allez faire demain, pas ce que vous auriez dû faire.

chapitre 8

Petit glossaire des bons plans anti-crise des paresseuses

Assurance décès

Vue par les spécialistes

Contrat d'assurance qui permet de protéger vos proches : si vous mourez, ils toucheront une somme d'argent prédéfinie, qui dépend du montant de la prime versée tous les mois.

Vue par les paresseuses

Genre d'assurance qu'on ne pense pas à conclure, jusqu'au jour où l'on s'installe avec quelqu'un, où l'on se marie et l'on a des enfants. Là, cela vaut définitivement la peine de conclure ce type de contrat.

Bien gérer son argent

Vu par les spécialistes

Dépenser l'argent dont on dispose de manière judicieuse, en réfléchissant bien et sans gaspiller.

Vu par les paresseuses

Il s'agit de vivre le mieux possible avec l'argent dont on dispose, en réfléchissant bien à ce qu'on achète, en choisissant judicieusement les commerces et en déterminant s'il s'agit véritablement d'une dépense nécessaire.

Budget

Vu par les spécialistes

Document faisant apparaître le détail de vos dépenses et de vos rentrées d'argent sur une période donnée, généralement un mois. Quoi qu'on en pense, c'est un outil efficace pour rembourser ses dettes, classer ses dépenses par ordre de priorité et gérer efficacement son argent.

Vu par les paresseuses

Cet outil va permettre de déterminer si vous dépensez plus d'argent que vous n'en gagnez et si vous vivez au-dessus de vos moyens. D'accord, faire un budget peut paraître fastidieux, mais cela évite de se retrouver à court d'argent avant la fin du mois.

Compte joint

Vu par les spécialistes

Un compte bancaire au nom de deux titulaires (généralement des conjoints), qui peuvent tous deux verser de l'argent sur le compte et en retirer.

Vu par les paresseuses

Avoir un compte joint avec une personne que l'on aime, c'est très bien quand on se fait confiance. C'est nettement moins bien quand on cherche à cacher à l'autre qu'on est une *shopping addict*.

Crise financière

Vue par les spécialistes

La crise des crédits a été provoquée par l'inquiétude des banques aux quatre coins du monde, qui ont soudain hésité à se prêter mutuellement de l'argent. Aujourd'hui, elles pratiquent des taux d'intérêt plus élevés qu'avant pour couvrir les risques. Crise financière n'est pas synonyme de récession (qui se définit par deux trimestres successifs de croissance économique négative). Toutefois, ces deux phénomènes sont souvent associés. La crise a démarré aux États-Unis, où des ménages peu solvables se sont vu accorder des crédits qu'ils n'étaient pas en mesure de rembourser (les fameux crédits *subprimes*). Ces dettes ont ensuite été associées à d'autres produits et vendues à des investisseurs dans différents pays, ce qui a entraîné la mondialisation de la crise.

Vue par les paresseuses

La crise financière est survenue lorsqu'aux quatre coins du monde les banques se sont mises à y regarder par deux fois avant de prêter de l'argent. Dans un premier temps, cette crise a touché les emprunts consentis par les banques entre elles. Puis les effets se sont fait sentir pour les particuliers. Par conséquent, il est aujourd'hui plus difficile qu'avant d'obtenir un crédit et les crédits coûtent plus cher (les taux d'intérêt sont plus élevés) pour qui souhaite acheter une maison, contracter un crédit à la consommation ou créer une entreprise. À son tour, cette situation a entraîné une hausse des prix et une augmentation du chômage (les entreprises étant contraintes de réduire leurs coûts de fonctionnement), ainsi que des surendettements et des saisies de logements, les particuliers n'étant plus en mesure de rembourser leurs emprunts.

Découvert bancaire

Vu par les spécialistes

Si vous dépensez plus d'argent que vous n'en avez sur votre compte, vous serez à découvert : on dit que le compte est débiteur. La banque vous fera payer des intérêts (agios). Elle peut aussi vous faire payer des pénalités si vous dépassez votre autorisation de découvert.

Vu par les paresseuses

Vous êtes à découvert à partir du moment où il n'y a plus rien sur votre compte. L'argent que vous dépensez alors n'est pas le vôtre, mais celui de la banque. La plupart des établissements bancaires n'aiment pas du tout cela, surtout quand on ne leur a pas demandé leur permission au préalable. Elles peuvent alors faire tout un tas de misères au titulaire du compte, comme cesser d'effectuer les virements automatiques et faire payer des pénalités importantes.

Dette

Vue par les spécialistes

C'est une somme d'argent que l'on a empruntée et que l'on doit rembourser. On peut avoir une dette vis-à-vis d'un particulier, d'une banque ou d'un organisme de crédit.

Vue par les paresseuses

C'est l'argent que l'on doit à un tiers, qu'il s'agisse d'une banque, d'un membre de sa famille ou d'un organisme de crédit.

Emprunt immobilier

Vu par les spécialistes

Crédit que l'on contracte pour acheter un bien immobilier. Les banques consentent des crédits aux clients dont la solvabilité leur paraît bonne.

Vu par les paresseuses

C'est un gros emprunt qui permet d'acheter un logement. Ce crédit peut être à taux fixe ou à taux variable. Le taux que la banque vous consentira est déterminé en fonction de vos revenus, de la durée de l'emprunt, de votre solvabilité et de votre taux d'endettement.

Épargne

Vue par les spécialistes

Somme d'argent mise de côté pour servir de réserve.

Vue par les paresseuses

Argent qu'il est conseillé de mettre de côté pour les périodes difficiles, sur un compte rémunéré. À savoir : on ne peut véritablement considérer qu'on possède une épargne quand, parallèlement, on a des dettes importantes pas encore remboursées. Selon les experts, il faut avoir l'équivalent de trois mois de revenus sur un compte épargne, ce qui permettrait de faire face à ses obligations en cas de coup dur.

Impôts

Vus par les spécialistes

Les impôts permettent à l'État de financer ses dépenses. Les deux impôts les plus connus sont l'impôt sur le revenu et la taxe sur la valeur ajoutée (TVA), mais il en existe quantité d'autres.

Vus par les paresseuses

C'est l'argent que l'État vous prend sur ce que vous gagnez (impôt sur le revenu) ou qu'il ajoute au prix de ce que vous achetez (TVA). Les impôts permettent à l'État de faire fonctionner les services publics.

Intérêt

Vu par les spécialistes

Ce que les institutions financières vous font payer pour vous prêter de l'argent (c'est ainsi qu'elles en gagnent).

Vu par les paresseuses

C'est ce que vous coûte votre emprunt. Par exemple, si vous empruntez 500 euros à 15 %, vous allez devoir rembourser 575 euros.

Intérêts bruts

Vus par les spécialistes

Les intérêts rapportés par votre argent, avant prélèvements fiscaux et sociaux.

Vus par les paresseuses

C'est l'argent que vous pensiez avoir gagné grâce à votre épargne, avant qu'une grande partie soit prélevée en impôts et cotisations sociales.

Licenciement collectif économique

Vu par les spécialistes

Un employeur peut être contraint d'effectuer un licenciement collectif pour des raisons financières, en raison d'une baisse d'activité (due à la crise économique) ou parce que certains postes sont devenus obsolètes. En revanche, on ne peut pas parler de licenciement économique quand un employeur recrute quelqu'un pour remplacer le salarié licencié.

Vu par les paresseuses

C'est ce qui se passe quand un employeur licencie plusieurs salariés pour réduire ses coûts ou pour restructurer l'entreprise.

Oniomanie

Vue par les spécialistes

Les médecins parlent d'oniomanie pour qualifier le désir compulsif d'acheter. On parle aussi d'achats compulsifs.

Vue par les paresseuses

C'est un désir compulsif qui donne envie de dépenser de l'argent ou de faire du shopping quand on est déprimée, quand on est en plein syndrome prémenstruel ou qu'on a passé une sale journée au travail. Ce désir pousse l'individu à effectuer des achats qui sont destinés à lui remonter le moral, et dont il n'a pas forcément besoin ou envie.

Rendement

Vu par les spécialistes

C'est ce que rapporte une action, une obligation ou un autre placement. Le rendement est exprimé en pourcentage.

Vu par les paresseuses

Argent que l'on gagne grâce à des placements.

Retraite

Vue par les spécialistes

C'est l'argent que vous recevrez une fois que vous aurez cessé de travailler. Vous pourrez toucher de l'argent de la Caisse nationale d'assurance retraite, d'une ou plusieurs institutions de retraites complémentaires et de produits d'épargne que vous aurez choisis vous-même.

Vue par les paresseuses

Quand vous aurez cessé de travailler, la retraite constituera votre revenu. Dans certains pays, les retraites publiques sont très basses, dans d'autres elles sont inexistantes. Quoi qu'il en soit, si vous avez envie de garder le même train de vie qu'aujourd'hui, il vous faut un plan d'épargne retraite. Plus tôt vous commencerez à cotiser, mieux cela vaudra. Toutefois, la valeur du plan peut baisser comme elle peut augmenter. Ce qui signifie qu'il est possible de toucher moins que ce qu'on a versé.

Taux variable

Vu par les spécialistes

Le taux d'intérêt proposé par les banques et les institutions financières pour prêter de l'argent ou rémunérer une épargne peut changer en fonction des évolutions survenant dans le monde de la finance. On parle alors de taux variable. Il existe aussi des taux fixes, définis pour toute la durée du prêt, qui ne sont pas tributaires de paramètres extérieurs.

Vu par les paresseuses

Il est important de savoir si vous avez emprunté à taux fixe ou à taux variable : si l'emprunt est à taux variable, le montant à rembourser peut changer (si le taux augmente, il faudra rembourser davantage). De la même manière, ce que rapporte votre épargne peut évoluer.

TEG

Vu par les spécialistes

C'est le taux effectif global, c'est-à-dire le taux qui permet de calculer le coût réel d'un crédit, qu'il s'agisse d'un crédit à la consommation, d'un emprunt immobilier ou d'une réserve d'argent. Le TEG recouvre le taux d'intérêt, l'ensemble des frais et l'assurance, obligatoire dans certaines banques.

Vu par les paresseuses

C'est ce que coûte un emprunt. Par exemple, si vous empruntez 1 000 euros à un TEG de 20 %, vous allez rembourser 1 200 euros.

Zéro

Vu par les spécialistes

Même si vous n'êtes pas une spécialiste, vous savez très bien ce que ça veut dire !

Vu par les paresseuses

C'est ce qui vous restera (voire moins) si vous vous comportez comme si la crise financière n'existait pas et si vous n'appliquez pas les nombreux conseils prodigués dans cet ouvrage pour mieux gérer votre argent. En revanche, les paresseuses qui les suivront à la lettre comprendront rapidement que réduire ses dépenses et réussir à mettre de l'argent de côté est une démarche responsable, à laquelle on prend goût. Non seulement vous constaterez que l'on peut vivre mieux en dépensant moins, mais vous comprendrez aussi ce qui vous rend réellement heureuse dans la vie. En bref, vous avez tout à y gagner car ce nouveau mode de vie vous rendra autrement plus épanouie qu'une énième nouvelle paire de chaussures !

Table des matières

Dans la même collection :

Les Abdo-fessiers des paresseuses
L'Almanach des paresseuses
L'Anglais des paresseuses
L'Armoire idéale des paresseuses
L'Art de se faire épouser des paresseuses
L'Astrologie des paresseuses
La Beauté des paresseuses
La Bio Attitude des paresseuses
La Boîte à paresse
La Boîte détox des paresseuses
Les Bons Plans ventre plat des paresseuses
Les Bonnes Résolutions des paresseuses
Le Bricolage des paresseuses
Le Cahier de gym des paresseuses
Le Cahier de vacances des paresseuses
La Cave à vin des paresseuses
Les Coktails des paresseuses
Le Corps de rêve des paresseuses
La Couture des paresseuses
La Cuisine des paresseuses
La Déco des paresseuses
L'Écologie des paresseuses
Extrait de paresse
Le Feng shui des paresseuses
La Fête des paresseuses
La Grossesse des paresseuses
Le Guide de survie des paresseuses
La Gym des paresseuses
La Gym box des paresseuses
L'Histoire de France des paresseuses
Le Home sweet home des paresseuses
Le Jardinage des paresseuses
Jeune Maman et paresseuse
Le Kama-sutra des paresseuses
Le Kama-sutra box des paresseuses
Le kit régime des paresseuses
Le Nouveau Savoir-vivre des paresseuses
Les paresseuses cassent la baraque
Les paresseuses changent de vie
Les paresseuses ne se laissent plus faire
Les paresseuses se marient
Les paresseuses s'engagent
Le Paris des paresseuses
Le PC des paresseuses
La Philo des paresseuses
Le Pilates des paresseuses
Le Poker des paresseuses
La Positive Attitude des paresseuses
Le Prince Charmant des paresseuses
Les Recettes érotiques des paresseuses
Les Recettes minceur des paresseuses
La Recherche de job des paresseuses
Le Régime des paresseuses
Le Régime express des paresseuses
La Santé des paresseuses
Les Secrets de jeunesse des paresseuses
La Sexualité des paresseuses
La Sexy Attitude des paresseuses
Le Sudoku des paresseuses

Le Système D des paresseuses
Le Tricot des paresseuses
Les Vacances des paresseuses
La Vie politique (enfin) expliquée aux paresseuses
La Vie rêvée des paresseuses
Le Vintage des paresseuses
La World Food des paresseuses
Le Yoga des paresseuses

En papeterie :

L'Agenda des paresseuses 2010
Le Répertoire des paresseuses
L'Ephéméride des paresseuses

Les B.D. :

La B.D. des paresseuses
La B.D. des paresseuses 2
Pourquoi j'suis pas aux Maldives ?

Pour l'éditeur, le principe est d'utiliser des papiers composés de fibres naturelles, renouvelables, recyclables et fabriquées à partir de bois issus de forêts qui adoptent un système d'aménagement durable.

En outre, l'éditeur attend de ses fournisseurs de papier qu'ils s'inscrivent dans une démarche de certification environnementale reconnue.

Photocomposition Nord Compo

Imprimé en Italie
par « La Tipografica Varese S.P.A. »
Dépôt légal : septembre 2009
ISBN : 978-2-501-05896-4
40.7949.7/01